# The Favorite Minimalist European History

# 让你爱不释手的极简欧洲史

陈国强 著

中国法制出版社
CHINA LEGAL PUBLISHING HOUSE

# Preface 前言

“浓缩的都是精华”，这是一本简化、精练、内容丰富、趣味十足的欧洲史。呈现在您面前的将是几千年来欧洲跌宕起伏的历史风云，拿一两天的闲暇时光，一睹欧洲古往今来的风采，坐看英雄人物纵横驰骋于历史舞台，岂不快哉！

在星光灿烂的希腊文明之前，碧波万顷的地中海还存在过哪些古老的文明？

《荷马史诗》、米诺斯迷宫里的怪兽难道仅仅是传说吗？

希波战争——亚洲与欧洲最早的巅峰对决，碰撞出了怎样耀眼的火花？

伯罗奔尼撒战争——斯巴达与雅典争雄，如何改变了人类文明的轨迹？

罗马——被母狼哺育的双胞胎兄弟建立的城市，如何成为一个横跨欧亚非的大帝国？

从王政时代到共和时代再到帝国时代，马略、苏拉、凯撒、庞培、屋大维、君士坦丁和查士丁尼这些伟人在罗马的广阔舞台上演出了怎样的历史大剧？

罗马帝国崩溃之后，欧洲进入了四分五裂、群雄逐鹿的中世纪。查理曼大帝能否重现罗马帝国的辉煌?

英法百年战争因何而起?

千年帝国拜占庭（东罗马帝国）亡于何人之手?

欧洲的宗教改革经历了怎样的腥风血雨?

……

如果您对这些问题感兴趣，那就不妨翻开这本书，一睹为快。

Contents

# 目录

## 第一章 希腊文明的曙光

本章讲述了襁褓中的欧洲文明——出现在希腊半岛上的历史风云。星光璀璨的希腊文明并不是横空出世的，在它之前还有更加古老的克里特文明、迈锡尼文明，有《荷马史诗》中描绘的惊心动魄的特洛伊战争。在与来自亚洲的庞大帝国波斯的交锋中，雅典开始崛起，成为希腊文明的翘楚，但最终在伯罗奔尼撒战争中败给了尚武的斯巴达。希腊城邦的内斗给了北方的马其顿王国机会，雄心勃勃的亚历山大大帝胃口不止小小的希腊半岛，他要的是整个世界。

## 第二章 罗马帝国的兴衰

罗马进入了“王政时代”，成了君主制的国家。随后由于后代国王的肆意妄为，改由多名议员组成的“元老院”管理国家事务，罗马开始进入“共和时代”。在罗马的崛起之路上，有太多的敌人横亘在眼前，其中最为强大的莫过于迦太基。在与迦太基争霸的过程中，罗马的贫富差距开始拉大，新兴的军事贵族也在悄然崛起，罗马随即陷入了平民与贵族的斗争中。连年的战乱之后，罗马重归独裁统治……



## 第三章 中世纪的欧洲

中世纪的欧洲处于混乱当中。从克洛维开创的墨洛温王朝到被查理曼带向巅峰的加洛林王朝，法兰克王国一度强盛。可是在查理曼身后，王国解体，一分为三，成为日后的法国、德国和意大利的前身。四分五裂的欧洲风云变幻，王位的争夺，教皇与国王的较量，王国之间的战争，旷日持久的十字军东征，延续千年的东罗马帝国最终覆灭于奥斯曼土耳其的征服者之手，而在它的北方，一个新的帝国——俄罗斯正在崛起。

和光荣革命，确立了君主立宪制，并击败荷兰成了海上霸主；自信心膨胀的法王路易十四号称“太阳王”；在腓特烈二世的带领下，普鲁士崛起为欧洲强国；而俄罗斯则由彼得一世和叶卡捷琳娜二世引领着走上了改革和强盛之路。



## 第六章 剧烈变化中的欧洲

经过 17 ~ 18 世纪思想启蒙运动的洗礼，欧洲进入了觉醒、反抗、革命的新时代。轰轰烈烈的法国大革命催生了横扫欧洲的拿破仑，同时席卷欧洲的还有革命的浪潮，而与社会革命相伴随的工业革命为人类社会开辟了一个崭新的世界，革命运动的思想结晶是马克思主义的诞生。与革命浪潮同时兴起的是民族统一运动——著名的铁血宰相俾斯麦缔造了德意志的统一。

## 第七章 血雨腥风的战争年代

野心勃勃的德意志皇帝威廉二世挑起了第一次世界大战，战败的德国在希特勒的带领下再次崛起，发动了第二次世界大战。两次世界大战重创了欧洲，也催生了第一个社会主义国家——苏联。



## 第八章 欧洲复兴与冷战

大战之后的欧洲一片废墟，百业凋零，而美国的马歇尔推动了欧洲的战后复兴。美国领导的资本主义阵营与苏联领导的社会主义阵营形成了对峙的局面，冷战的铁幕降临，割裂了欧洲，直到苏联解体，这场特殊的战争才画上了句号。饱经磨难的欧洲走出了冷战的漩涡，走向未来。

# 第一章

# 希腊文明的曙光

本章讲述了襁褓中的欧洲文明——出现在希腊半岛上的历史风云。星光璀璨的希腊文明并不是横空出世的，在它之前还有更加古老的克里特文明、迈锡尼文明，有《荷马史诗》中描绘的惊心动魄的特洛伊战争。在与来自亚洲的庞大帝国波斯的交锋中，雅典开始崛起，成为希腊文明的翘楚，但最终在伯罗奔尼撒战争中败给了尚武的斯巴达。希腊城邦的内斗给了北方的马其顿王国机会，雄心勃勃的亚历山大大帝胃口不止小小的希腊半岛，他要的是整个世界。

# 考古让废墟说话——克里特文明

亚瑟·伊文思是一位英国考古学家，同时也是克里特文明的发现者。伊文思从小就对古老的钱币十分有兴趣。他在 32 岁时，从德国考古学家海因里希·谢里曼那里接触到了一些和迈锡尼文明有关的古物，他发现这些古物上面的文字和图形与古希腊风格不怎么相似，有点儿像古埃及的风格，而且图形大多是海洋生物。伊文思认为这些古物一定属于某个未被发现的古老文明。

10 年后，一个偶然的机会，伊文思来到了雅典，发现了一种特别的石块，上面刻着一些象形文字。据说，这些小石块被当地人当作护身符佩戴。伊文思便开始寻找这些石块的来源，最终他找到了克里特岛。

伊文思经过一番勘察后，买下了克里特岛上的一块土地，他认为在这块土地下面深埋着一个古老的文明，传说中的米诺斯王宫就在这里。

挖掘工作很快就开始了。伊文思获得了大量的文物，有雕刻着各种符号的石块，还有一些武器和艺术品。由于文物众多，伊文思不得不对文物进行分类，然后便开始把文物和埃及等地的文物进行比对，他发现这是一个从未被发现的古老文明，与古埃及、古希腊和古罗马都不同。

很快，许多学者都听说了伊文思发现宝贝的消息，开始纷纷赶往克里特岛。这个被新挖掘出来的文明也被称为克里特文明。

在伊文思之前，就有许多考古学家认为克里特岛一定存在着一个未知的文明，有许多人都在这里发现了古怪的文物。像海因里希·谢里曼就是一个与克里特文明擦肩而过的考古学家。谢里曼在发现了一个文物后，就想要买下克里特岛上的一块土地。但谢里曼与土地主人在价格方面谈崩了，谢里曼愤然离开了克里特岛。

米诺斯文明大约存在于公元前 3000 年～公元前 1450 年。克里特岛是欧洲最早出现农业活动的地区，欧洲先民在这块岛屿上渐渐发展壮大，在其文明的巅峰时期，出现了辉煌的王宫和精美的艺术品，还有属于他们的文字，尽管这种文字至今仍未被破译。

在克里特文明最繁盛的时期，有一个米诺斯王朝存在。米诺斯的国王与埃及法老一样，是祭司也是军事首领。在所发掘的文物中，学者们发现了一副彩色的浮雕，据推断应该是制作于米诺斯王朝后期。浮雕上所刻画的人物形象应该是米诺斯的国王，他头戴王冠，王冠上有一束彩色的羽毛，国王的头发肆意垂落在肩膀上，脖子上戴着和古埃及风格相似的项链，手腕上还有手镯。

克里特岛距离古埃及的发源地十分近，克里特文明应该受到了古埃及文明的影响。

米诺斯文明被后世认为是古希腊文明的起源，在其巅峰时期，是爱琴海的霸主。它的地理位置很优越，米诺斯文明充分利用了这个优势，开始和埃及、叙利亚、巴比伦等非洲和亚洲国家做生意。但这个文明却突然消失了，它的覆灭显得很突然。

有观点认为，米诺斯文明的消失是因为战争。米诺斯文明在走上巅峰后，就开始渐渐衰落，最后发生了严重的内战，米诺斯的王宫在内战中被烧毁，从此之后便成为废墟，掩埋在地下。

许多伟大文明的消失与外族入侵是分不开的。自从农业革命后，一些文明开始出现，它们有复杂的社会组织、有文字，还有巨大的建筑。这些文明都建立在社会阶级的基础上，属于农耕民族。但就战斗力而言，农耕民族不是游牧民族的对手。据有的学者推断，克里特文明应该是遭到了来自小亚细亚游牧民族的入侵。

早期文明虽然有巨大的建筑物，但却是很脆弱的，在严重的自然灾害面前，抗风险能力十分微弱。

大约 3600 年前，距离克里特岛很近的锡拉岛上的一座火山突然喷发，甚至还引发了大海啸。这场大灾难把克里特文明弄了个半死，就连埃及都受到了影响，当时埃及的天空一片漆黑，一直到三天后，埃及人才重见光明。火山灰甚至都飘到了格陵兰岛、中国和北美洲。半死不活的克里特文明在之后的几年内，还要忍受火山爆发所带来的农作物歉收的问题，从那以后克里特文明再也没有崛起的可能了，并且很快就消失了。

作为古希腊文明的另一个重心，迈锡尼文明，在米诺斯文明衰落之后，迅速崛起。迈锡尼文明的发掘要早于米诺斯文明。在 19 世纪七八十年代，德国考古学家海因里希·谢里曼发现了迈锡尼文明。谢里曼能发现迈锡尼文明要感谢《荷马史诗》，他是在《荷马史诗》的传说影响下发现迈锡尼遗址的。对于考古学家来说，人类的早期文明是一大块空白，当时还没有出现文字或是文字符号已经失传，想要填补这块空白，自然需要大量的考古遗迹。但神话传说的作用也不可忽视，或许某个考古发现就能证实神话传说的真实性。

伊文思对克里特文明的文字十分有兴趣，一直想要破译这些文字，但至死都没有实现。1936 年，英国伦敦举办了一个和克里特文明文字有关的学术会议，在会议上，一个名叫文屈斯的 14 岁男孩在听了伊文思的报告后，对克里特文明的文字非常感兴趣。在 1952 年，文屈斯和另一位学者一起成功破译了克里特文明文字的一部分，这个破译结果证明克里特文明所使用的文字与迈锡尼文字属于同一体系。这说明，出现在克里特岛上的米诺斯文明和迈锡尼文明属于前后相继的关系。不过根据迈锡尼国王墓葬的风格，迈锡尼文明显然是个崇尚武力的文明，在陪葬品中，有许多兵器和马匹。

## 史诗中的历史——《伊利亚特》

《荷马史诗》在欧洲的地位十分重要，其重要性不亚于《圣经》。虽然《荷马史诗》主要由《伊利亚特》和《奥德赛》两部分组成，但也描述了一些和克里特文明、迈锡尼文明有关的史实，并称克里特文明为“黄金时代”。

### 【伊利亚特】

“伊利亚特”的意思是“伊利昂的故事”，而伊利昂则是特洛伊的别称。

在考古历史上，自从迈锡尼文明衰落之后，考古发现便出现了断层，在那之后的很长一段时间内，都没有再出现像克里特和迈锡尼这样的文明遗迹。这或许证明了《荷马史诗》的记载，从迈锡尼文明以后，开始出现了战乱。频繁的战争，让当时的人们无法建立起像克里特那样辉煌的文明。在考古学家的眼中，那是一个黑暗的时代。但在《荷马史诗》的记载中，那是个英雄时代，毕竟乱世出英雄。

《伊利亚特》主要描绘了一场战争，这是一场曾真实存在过的战争，即特洛伊战争，主要发生在斯巴达与特洛伊之间的战争。战争是因为争夺一个名叫海伦的女人而引起的。

海伦是个美丽的女人，在她出嫁之前，就已经有不少男人为争夺她而出现了争执。最终，海伦嫁给了斯巴达的王子墨涅拉俄斯，后来墨涅拉俄斯成了斯巴达的国王。

特洛伊王子帕里斯是个英俊的年轻人，他在拜访斯巴达时，受到了国王墨涅拉俄斯的盛情招待。在宴会上，帕里斯立刻被美丽的海伦所吸引，海伦也注意到了这个英俊的异国王子，两人开始在宴会上眉来眼去。就这样，帕里斯勾搭上了斯巴达的王后，并教唆海伦和他一起去特洛伊。被爱情冲昏头脑的海伦答应和帕里斯一起离开斯巴达。

海伦和帕里斯的私奔立刻成了斯巴达爆炸性的大新闻，他们觉得这是莫大的耻辱。在墨涅拉俄斯的哥哥阿伽门农的召集下，许多英雄纷纷响应讨伐特洛伊。阿伽门农便带着一支队伍浩浩荡荡地出发了。

这是一场历时十年的战争。在战争期间，希腊一方的统帅阿伽门农和一个勇猛的将军阿喀琉斯发生了争执，他们为了争夺一个美貌的女奴隶而争吵，最终阿喀琉斯愤怒地带着自己的队伍离开了阿伽门农。没有了阿喀琉斯的帮助，阿伽门农的部队更加无法战胜特洛伊人。

特洛伊人在大王子赫克托尔的带领下，对阿伽门农的队伍展开了猛烈的进攻，阿伽门农只好带着队伍一路后退。连连败退的阿伽门农开始后悔，他主动提出和阿喀琉斯和解。但阿喀琉斯拒绝帮助阿伽门农。阿喀琉斯的好朋友帕特洛克罗斯从大局出发，就偷走了阿喀琉斯的盔甲，帮助阿伽门农击退了特洛伊人的进攻，并在战斗中牺牲。

得知帕特洛克罗斯牺牲的消息后，阿喀琉斯十分悲痛，就决定重新加入阿伽门农的队伍，为帕特洛克罗斯复仇。阿喀琉斯和赫克托尔展开了决战，赫克托尔显然不是阿喀琉斯的对手，他在咽气前向阿喀琉斯请求，希望阿喀琉斯能把他的尸体送到特洛伊城，让他接受火葬。但阿喀琉斯拒绝了，他声称要把赫克托尔的尸体喂狗。不过最后，特洛伊的国王还是成功从阿喀琉斯那里讨回了赫克托尔的尸体，并和阿喀琉斯达成了暂时休战的协议。《伊利亚特》的故事便在赫克托尔的葬礼中结束了。

可是这场特洛伊战争并未就此结束。赫克托尔死前的诅咒有了效果，阿喀琉斯被帕里斯用箭射死。阿伽门农接受了奥德修斯的建议，假装撤退，并在特洛伊城外留下了一些巨大的木马。

特洛伊人见阿伽门农带兵撤退后，就看中了那些巨大的木马，并将其作为战利品搬到了特洛伊城内。到了深夜时分，有人从木马中爬出，他们是阿伽门农的士兵。就这样，在里应外合之下，阿伽门农成功攻破特洛伊城。

这场战争给特洛伊城带来了毁灭，城中的男人大多被希腊士兵杀死，妇女和儿童则被贩卖。希腊士兵把能拿走的全都拿走，剩下拿不走的便一把火烧掉了。

至于美女海伦的下落，据说斯巴达国王墨涅拉俄斯不舍得杀死她，他觉得杀死海伦太可惜了，就原谅了海伦的过错。

《荷马史诗》所描述的特洛伊战争固然有神话传说的部分，但也有部分史实。为了证明特洛伊战争真实存在过，德国考古学家海因里希·谢里曼可谓是煞费苦心。

谢里曼是个颇为传奇的考古学家，他出身贫寒，没有受过高等教育，但却在考古学领域取得了非凡的成就。谢里曼的父亲是个对《荷马史诗》十分感兴趣的人，他认为《荷马史诗》中所描绘的一些内容就是历史事实。谢里曼深受父亲的影响，对《荷马史诗》非常痴迷，而且坚信特洛伊战争真实存在过。

14 岁时，谢里曼因为经济原因被迫离开学校，从那以后他便开始打工养活自己，但他从未放弃过对特洛伊战争的研究。后来，谢里曼成了一个成功的商人。在谢里曼 36 岁时，他放弃了从商，他觉得自己已经有足够的资金去实现梦想了，他要去挖掘古文明的遗址，要证明特洛伊战争的真实性，要证明历史上真的存在过阿伽门农这个人。

他发现了迈锡尼古墓，此外，谢里曼还发现了特洛伊城的遗址，这证明了特洛伊战争是真实的历史。

## 难以置信的胜利——希波战争

薛西斯是波斯的一位皇帝，在继位后不久，他就召开了一次重大会议，各地的总督和贵族都来参加了。按照惯例，会议开始时，人们纷纷称赞波斯的伟大和先辈们征战的光辉历史。然后薛西斯就开始说重点，他想要征服希腊，这样不仅能获得一条重要的海洋贸易路线，还可以扩大波斯的版图。

众人的反应让薛西斯十分意外，没有人赞成他的决定，等待他的反而是众人的沉默。打破沉默的是薛西斯的叔父阿尔塔巴诺，他提醒薛西斯吸取马拉松战役的教训。

马拉松战役是希波战争的开始，以波斯的惨败而告终。有说法称希腊一方只在马拉松战役中损失了 192 人，而波斯一方则阵亡了 6400 人。这场战役的失败，让当时的波斯皇帝，也就是薛西斯的父亲大流士抑郁而终。大流士想不开是有道理的，因为在马拉松战役开始前，许多人都认为这是一场毫无悬念的战役，结果一定是波斯胜利。

由于地理因素，希腊只能由许多松散的小城邦组成，其中就数雅典和斯巴达最强大。而波斯则是个强大的地跨欧亚非三大洲的帝国，在马拉松战役前，波斯从未吃过败仗。

但波斯人还是战败了，而这次失利并不会成为他们在希腊的最后一次失利。

马拉松战役的胜利并不意味着希波战争的结束，雅典方知道波斯帝国不可能因为马拉松战役而被击垮，波斯皇帝一定会卷土重来。波斯皇帝薛西斯抱着复仇的心理要征服希腊。

在出发前，波斯皇帝薛西斯召开了前面提到的会议。虽然他征服希腊的提议遭到了许多人的反对，但他还是率领大军出发了。薛西斯在希腊的温泉关受到了斯巴达国王列奥尼达的阻击。

温泉关的地势对薛西斯的部队十分不利，骑兵和战车都不能上阵。列奥尼达利用温泉关的地势成功地击退了进攻的波斯军队。后来，薛西斯从一个希腊农民那里得知了一条捷径。

列奥尼达获悉波斯军队已经成功绕过温泉关背后，就立刻下令让大部队撤退，他则和剩下的部分勇士死守温泉关。因为实力悬殊，最终列奥尼达等人全部战死，波斯成功占领了温泉关。不过薛西斯并没有因为胜利而沾沾自喜，斯巴达士兵给他造成了不小的心理阴影，他一想到斯巴达人就觉得恐怖，担心所有的斯巴达人都是宁死不屈的勇士。

薛西斯不知道的是，在斯巴达有一套与众不同的教育体系。所有婴儿在出生后就会接受特殊且残酷的淘汰和训练，只有强壮和经过考验的人，才有资格成为斯巴达人。除了男人外，斯巴达的女人也得从小接受体育训练，这样她们才有强健的体格，才有可能生下健康合格的孩子。

突破了温泉关的险阻，波斯人进攻雅典犹如囊中取物。但薛西斯却暴跳如雷，他发现雅典变成了一座空城。原来雅典人早就撤退了，雅典的老幼妇孺都被安排到了一座安全的海岛上，男人们则在海上等着波斯人。

萨拉米斯海峡是雅典和波斯发生海战的地点。虽然波斯人不像雅典人那样擅长海战，但毕竟财大气粗，拥有巨型战船。可是这样的战船在狭窄的萨拉米斯海峡却显得非常笨拙，根本不是雅典灵巧的战船的对手。波斯海军被雅典打得四处流窜，将士们根本无心作战，只想着逃命。

此时薛西斯正在一个山头上观战，他由开始的愤怒渐渐变得恐惧起来，担心自己会被希腊人俘虏，就带着剩余的部队匆匆回到了波斯。

这场海战直接扭转了波斯和希腊的地位，也意味着希波战争的结束。在希波战争前，波斯是个霸道的帝国，四处征伐。在取得萨拉米斯海战的胜利后，希腊加入与其他地区共同抵抗波斯的斗争中，波斯渐渐失去了在欧洲的控制权，并开始走向衰落，最终被亚历山大大帝消灭。而雅典则凭借希波战争获得了海上贸易的霸权。

## 雅典的巅峰——伯里克利时代

公元前 461 年的一天，一位政治家在雅典被暗杀了，他就是埃菲阿尔特斯，而希腊历史上最著名的政治家伯里克利则是他的追随者。埃菲阿尔特斯是雅典民主派的领导者，同时也是一个洁身自好的人，虽然生活贫困，却从不接受贿赂。

雅典民主派的死对头便是寡头派，也称为保守派，寡头派所代表的势力是贵族。而伯里克利恰恰也出身贵族，在他后来掌权后，贵族曾恶狠狠地攻击他，说伯里克利忘记了贵族朋友。寡头派的领导者是客蒙，他是个优秀的统帅，曾因战功赫赫而受到了雅典人的爱戴。

公元前 463 年，埃菲阿尔特斯和伯里克利一起弹劾以客蒙为代表的战神山议事会成员，说他们收受贿赂、滥用职权，而客蒙本人则在战争中接受了马其顿国王的贿赂。客蒙虽然被判无罪，但势力却遭到了削弱。

公元前462年，客蒙提出了与斯巴达结盟的提议，由于当时斯巴达正在镇压黑劳士（奴隶）起义，所以他便决定率兵帮助斯巴达进行镇压。客蒙的这个决定遭到了埃菲阿尔特斯等民主派的反对。客蒙不顾反对，执意出兵，这恰恰给了埃菲阿尔特斯掌权的机会。

斯巴达人并未接受客蒙的好意，拒绝让客蒙的军队进入斯巴达境内，客蒙只好率领部队回到雅典。这个消息传到雅典后，雅典人都难以接受，认为这是奇耻大辱，于是就把客蒙赶出了雅典。

客蒙的此举让整个寡头派陷入了混乱之中，渐渐失去了对雅典的控制，而民主派则成了雅典政治的新贵。在埃菲阿尔特斯去世后，伯里克利就成了民主派的领导者。几年后，在伯里克利的允许下，放逐在外的客蒙回到了雅典。客蒙虽然有贪污受贿的前科，但却是一个优秀的将领，在回到雅典后，他继续率领部队到处打仗，最终战死沙场。

伯里克利出身于贵族，他的父亲曾参与过希波战争。在希波战争中，贵族虽然率兵打仗，但军队却都是由平民所组成，在整个战争中，平民没少出力。在伯里克利青年时期，寡头派的势力渐渐被民主派削弱，而他也坚定地选择了民主派。伯里克利是个完美的政治家，他对自己的要求十分严格，从不贪污，没有利用手中的权力为自己谋取利益。他在演讲的时候，显得很冷静，从不说废话，每句话都能给人以启迪。

像梭伦和克里斯提尼一样，伯里克利也对雅典展开了改革。

梭伦扩大了公民大会的权力，并允许所有的雅典平民参加公民大会，他的改革导致贵族的势力遭到削弱，但并未侵犯贵族的利益。在梭伦之后，克里斯提尼也开始对雅典政治进行改革，进一步削弱贵族的势力。

伯里克利进一步进行改革，开始给所有参与政治活动的平民发钱，所得酬金相当于工作半天所得。此外，伯里克利还给平民发放“看戏津贴”。在此之前，欣赏戏剧都是有钱人的特权，只有他们才能消费得起。有了伯里克利的津贴，普通平民也开始有娱乐活动。但伯里克利的这种贴钱改革措施却遭到了许多人的反对，就连哲学家柏拉图也不看好这种改革，认为金钱会腐蚀雅典人的高贵品质。

在伯里克利的改革下，雅典迎来了一个全新的黄金时代，并成功地吸引了整个希腊世界的注意，也成了许多人的梦想之地。

## 为戏剧提供素材——伯罗奔尼撒战争

在希腊，有两个强大的城邦，分别是雅典和斯巴达。自从希波战争结束后，波斯这样的外敌已经不足为虑，雅典和斯巴达开始内斗。雅典的强大让许多城邦都觉得危险，为了避免被雅典吞并，这些城邦开始向斯巴达寻求帮助，希望斯巴达能遏制雅典不断发展的势力。在希腊，以斯巴达为首形成了伯罗奔尼撒联盟，而以雅典为首则形成了提洛联盟。但斯巴达并未轻举妄动，它和雅典小心翼翼地维持着和平，但这种和平在公元前 431 年被打破。

伯罗奔尼撒半岛的底比斯首先出手了，它袭击了普拉提亚，普拉提亚恰恰是雅典的盟邦。这样一来，雅典和斯巴达都坐不住了。两个月后，斯巴达国王阿基丹姆二世带兵入侵阿提卡。在入侵前，阿基丹姆二世曾派出一名使者去雅典打探情况，想看看雅典的态度，但没想到使者却被雅典人赶了出来，这种强硬的不让步的态度，彻底激怒了阿基丹姆二世。

战争一开始，希腊的许多小城邦便开始站队，在斯巴达和雅典中进行选择，大多数城邦都选择了斯巴达。

雅典的伯里克利立刻根据形势制定了应对策略，他认为雅典的优势是海军，所以没必要在陆地上和斯巴达一决雌雄，他决定采用坚守雅典城，在海上争取优势，逼迫斯巴达主动求和的战略。

雅典人接受了伯里克利的建议，城外的居民纷纷把财产转移到了雅典城内。让伯里克利没想到的是，这种人口过分集中的策略直接导致了严重的瘟疫。公元前430年，雅典出现了严重的瘟疫。人口集中的雅典城的瘟疫扩散得更加迅速，许多雅典人都被瘟疫和战争折磨得痛苦不堪。

这样一来，伯里克利成了众矢之的，许多人都觉得这场灾难是伯里克利带给他们的，他们开始谴责伯里克利，并剥夺了伯里克利的职位。第二年，伯里克利也感染了瘟疫并死亡。

战争并没有随着伯里克利的死亡而终结，在一次战役中，一个名叫克里昂的人脱颖而出，成功击败了斯巴达的军队，这次斯巴达提出求和，但却遭到了克里昂的拒绝。在克里昂战死后不久，斯巴达再次提出议和，因为斯巴达面临着奴隶起义的内乱局面。雅典方接受了斯巴达求和的提议，最终双方代表签订了《尼基阿斯和约》，按照和约规定，双方得保持 50 年的和平。

接下来的 6 年时间里，雅典和斯巴达之间虽有争执，但好在是和平的。但这种和平却被一个人的计划打破了，这个人便是雅典的将军亚西比德，他在雅典公民大会上提出了远征西西里的计划。他向雅典公民吹嘘，西西里是多么富有，只要占领了西西里，那里的所有财富都将属于雅典。

亚西比德的人品虽然饱受诟病，但他却是个颇有魅力的人，就连苏格拉底也被他的魅力所折服。亚西比德与苏格拉底是在战争中认识的，据说在战争中，苏格拉底还曾竭力挽救负伤的亚西比德。

在亚西比德率军逼近西西里时，雅典的快船“萨拉明尼亚号”来了，它押走了亚西比德，亚西比德被确认为捣毁神像的罪魁祸首，他得回雅典接受审讯。在返回雅典的途中，亚西比德逃走了，他觉得自己回雅典绝没什么好果子吃。

亚西比德逃到了雅典的死对头斯巴达那里。在雅典，亚西比德是个肆意挥霍的浪子，他把自己的家装饰得像皇宫一样，在捐款的时候总喜欢争第一。亚西比德的这种性格在雅典是很吃得开的，许多雅典人都非常欣赏他。但斯巴达却以吃苦为荣耀，为了让斯巴达接受自己，亚西比德开始变得勤俭节约起来。

在适应斯巴达生活的同时，亚西比德也在密切关注雅典对自己的判决结果。雅典当权者得知亚西比德逃走的消息后十分生气，就宣布没收亚西比德的所有财产，如果亚西比德出现在雅典，会被立刻执行死刑。

这个决定立刻让亚西比德倒向斯巴达，他告诉斯巴达人，雅典人准备征服西西里，那是块富饶的土地，还声称雅典的真实目标其实是伯罗奔尼撒半岛。斯巴达接受了亚西比德的建议，决定出兵增援西西里。

斯巴达把雅典的海军作为重点攻击对象，这样直接切断了雅典军队的粮食供给。雅典远征军的统帅尼西亚斯并不是个善于打仗的将领，相比之下，亚西比德却是个称职的将领，他很善于在战争中使用阴谋。

尼西亚斯曾是亚西比德的政敌，在亚西比德提出远征西西里的计划后，尼西亚斯第一个站出来反对。不过两人也曾合作过，在他们差点被陶片放逐法流放到外地的时候，他们一起合作，找了一个替罪羊过关。

## 【陶片放逐法】

陶片放逐法是克里斯提尼创立的，被雅典看作是神圣的决议。在公民大会上，公民会把认为该驱逐出雅典的人的名字写在一块陶片上，如果票数超过了6000，此人就会被放逐在外10年。

指挥不力的尼西亚斯导致了雅典远征军的覆没，这次的失败对于雅典来说十分惨烈，雅典不仅损失了200艘战船，还被俘7000人，就连尼西亚斯也在被俘虏后遭处死了。其他被俘虏的普通士兵则被送去当奴隶，在严苛的劳动压迫下纷纷死亡。而留在雅典的老幼妇孺再也无法振兴雅典。这次惨败成了伯罗奔尼撒战争的转折点，雅典从此失去了优势。就连那些盟友城邦也都纷纷离开了雅典，开始向斯巴达示好。

西西里战役的胜利让斯巴达看到了战胜雅典的希望，但斯巴达却面临着资金短缺的局面。为了乘胜追击，斯巴达向波斯寻求帮助，并派遣亚西比德和波斯谈判，最终波斯答应帮助斯巴达。

在陆地上，斯巴达成功占领了德凯利亚，切断了雅典与外界的联系，雅典的农业生产陷入了瘫痪状态，后方补给跟不上，直接影响着前线的战局。由于生活贫困，雅典城内的大部分奴隶都逃走了，这对雅典的经济来说无异于雪上加霜。

在海战上，斯巴达也没有放松警惕，这一次斯巴达的统帅所面临的敌人将是亚西比德。亚西比德起初在斯巴达混得风生水起，但却因为太顺了，遭到了许多斯巴达人的嫉妒和怀疑。最要命的是，亚西比德居然和斯巴达王后搞在一起，斯巴达王后甚至生下了他的儿子。亚西比德知道自己在斯巴达待不长，就趁机逃走了。亚西比德跑到波斯一个总督那里，建议波斯坐收渔翁之利。后来，亚西比德得知雅典已经被寡头政权控制，就跑到雅典的海军那里，成功说服所有的士兵，摇身一变成了雅典海军的将军。

亚西比德的指挥能力不错，在最初的海战中，他成功击败了斯巴达的海军。斯巴达一方提出了求和，但雅典一方并未接受。再次开战时，斯巴达统帅莱山德已经从波斯皇帝小居鲁士那里得到了一笔军费。此时的雅典虽然有亚西比德，但却无法在军费上与斯巴达抗衡，最终雅典战败。

战败的消息立刻传到了雅典，亚西比德再次逃走。在斯巴达和雅典的最后一场战役羊河之战中，亚西比德再次出现在雅典的军营中，并告诉当时的统帅，当前的地形对雅典不利，应该撤退。但亚西比德的建议并未被接受，结果雅典军队战败。公元前404年，雅典宣布投降，解散了提洛同盟，成为斯巴达的小弟。虽然雅典在伯罗奔尼撒战争中受到了重创，不再是希腊的霸主，但战争却让雅典戏剧的素材丰富了不少，雅典的戏剧在战争期间达到了一个新的高度。

伯罗奔尼撒战争几乎席卷了整个希腊，规模不可小觑。这是一场为利益争夺而发动的战争，斯巴达在这场战争中获得了胜利，成了希腊的大哥，斯巴达所推行的寡头政治也开始在希腊各城邦普及开来。虽然雅典的势力被伯罗奔尼撒战争削弱了不少，但却始终不死心，之后一直寻找机会打败斯巴达。伯罗奔尼撒战争的结束并未给希腊带来和平与繁荣，整个希腊依旧动荡不安，希腊各城邦在频繁的战争之中内耗下去，最后被马其顿钻了空子。

## 死亡与伟大——苏格拉底之死

苏格拉底四十多岁时，成了雅典鼎鼎有名的哲学家，经常和一些著名的学者在一起讨论哲学问题，他十分注重伦理道德和教育政治方面的讨论。在苏格拉底看来，哲学其实就是人生智慧的体现，只有认识到了做人的道理，才会成为一个有智慧、有道德之人。虽然当时苏格拉底被认为是最具有智慧的人，但他总是说：“我只知道我是一无所知的。”

苏格拉底深受年轻人的喜爱，在年轻人中颇有威望。但同样引起了一些人的不满，苏格拉底被以煽动青年和侮辱雅典神的罪名起诉。

苏格拉底在接受审判期间，将自己看作是雅典的牛虻，不停地叮咬雅典人，让雅典人不断地思考和反省。

最终，苏格拉底被判处了死刑。这个决定还有亚西比德的“功劳”，亚西比德在雅典人的心中是个叛国贼的形象，而苏格拉底与亚西比德的关系十分亲密，这种关系直接影响了雅典公民的投票。

根据雅典的规定，所谓死刑，就是喝下一杯毒酒，据说这种毒酒是从一种毒性植物上提取的，会麻痹人的肌肉系统，最后让人窒息而死。

在死刑执行前，死刑犯可以与亲人、朋友相见。当时有许多年轻人去监狱探望苏格拉底，有个青年问苏格拉底是否有临终遗言，苏格拉底说：“没什么好说的，希望你们能记住我说的话，能保持高尚的品德，这样我就放心了。”苏格拉底的一个朋友一想到苏格拉底就要死了，忍不住痛哭起来。看到此景，苏格拉底对他说：“苏格拉底并没有死，死的只是一副无用的身躯而已。”在苏格拉底看来，灵魂可以脱离肉体而存在，是不死的。

在执行死刑的夜晚，一名狱卒端来了毒酒，他对苏格拉底说：“每次执行死刑时，我都会被死刑犯诅咒，但我必须执行命令。你是所有死刑犯中最高尚和最有智慧的人，你一定不会诅咒我。你如果真的心存怨恨，还是诅咒那些下达死刑命令的人吧。但愿这杯毒酒不会让人痛苦，让你安详地离开人世。”苏格拉底没有诅咒狱卒，反而对朋友们说：“这是个很善良的人，自从我入狱后，对我很是照顾，现在我快要死了，看得出他也很伤感。”

说着，苏格拉底就从狱卒的手中接过了那杯毒酒，然后问道："你能告诉我应该怎么做吗？"狱卒对他说："你在喝完这杯酒后，需要不停地走来走去，你会感觉到自己的双腿变得越来越沉重，这表明毒酒已经起作用了，你可以选择躺下来，这样你会好受些。"

苏格拉底在喝下毒酒后，他的一个好朋友忍不住哭泣起来，苏格拉底显得很生气："我不喜欢看到这种悲伤的场面，希望你们能配合我，坦然地面对生死。对了，我好像还欠药神一只鸡，希望有人能在祭祀的时候替我还上。"一会儿之后，苏格拉底感觉双腿发麻，他便躺下了。人们知道，苏格拉底马上就要死了。不久后，有人摸了一下苏格拉底的身体，发现他的身体已经变得冰凉，苏格拉底安然离世了。

在欧洲的哲学家们看来，苏格拉底的死是悲剧，苏格拉底虽然是个伟大的哲学家，但并未留下一部哲学著作，这让许多人都觉得非常遗憾。但苏格拉底的死却让他的名气变得更大。

在苏格拉底被执行死刑后，许多雅典人开始后悔，觉得不应该判处苏格拉底死刑。雅典人把这种后悔与愤怒发泄到了安尼托等控诉者身上，人们开始远离这些人。被众人排挤的安尼托等人面临着巨大的精神压力，最终安尼托被放逐出雅典。

苏格拉底没有留下著作，但他活跃在《理想国》这部著名的哲学作品中。雅典著名哲学家柏拉图曾写下了《理想国》。在这部作品中，有苏格拉底与学者、学生的谈话内容。

# 征服与文明传播——马其顿王国

马其顿的国王亚历山大三世，也就是我们通常所尊称的亚历山大大帝，在 20 岁时就成了马其顿的国王，他的父亲腓利二世，在参加女儿婚礼时，被朋友保萨尼阿斯刺杀。据说，这场刺杀的幕后主使便是亚历山大的母亲奥林匹亚斯。

在亚历山大小时候，腓利二世十分注重对他的教育，专门请希腊著名的哲学家亚里士多德做他的老师。腓利二世也十分赏识亚历山大这个孩子，这段父子关系的破裂是因为奥林匹亚斯。公元前 337 年，奥林匹亚斯与腓利二世离婚了，因为腓利二世看上了一个更为年轻漂亮的女子。

亚历山大从很小的时候就展现出了他的军事天才。亚历山大 12 岁时，曾驯服了一匹烈马。16 岁时，他就成功镇压了马其顿国内的一次起义。18 岁时，亚历山大参加了一次重要的战役——喀罗尼亚战役，这场战役决定了希腊的命运，是马其顿与希腊之间的战争。当时，亚历山大率兵击败了希腊最强的军队，使马其顿在这次战役中获胜。

亚历山大成为国王后做的第一件大事，便是远征波斯。不过波斯并未把这个乳臭未干的年轻人放在眼里。在出征前，亚历山大给自己找了一个借口，即为希腊远征波斯，至于希腊人是否领情，他就不管了。

当时波斯的皇帝是大流士三世，虽然波斯已经远没有以前的霸气和辉煌，但大流士三世依旧认为自己是天下第一，并自封为万王之王。在亚历山大打到家门口时，大流士三世才从天下第一的美梦中清醒过来，仓皇逃命，连王冠和老婆也顾不得了。不过亚历山大并未放过大流士三世，最终大流士三世被自己的部下杀死。征服波斯后，亚历山大来到了埃及。在埃及人看来，亚历山大不是征服者，而是把他们从波斯人的统治中拯救出来的救世主。

征服的过程自然迅速，但统治工作却变得困难起来。为了便于统治，亚历山大实施自治的政策，尊重波斯的习俗，甚至穿起了波斯的服装并遵循波斯人的礼节。

亚历山大在击败了大流士三世后，爱上了他的女儿，并娶这位波斯公主为妻。这还不算，亚历山大还鼓励手下将领和士兵迎娶波斯的贵族女子为妻，甚至亲自为他们主持婚礼。

在征服印度的战争中，亚历山大损失惨重，就连他最心爱的战马也死在了战场上。从未经历过如此重大失败的亚历山大开始变得意志消沉起来，每天都借酒消愁。不但是亚历山大，马其顿士兵的士气也变得低落起来，他们不想打仗，想回到家乡安顿下来，而不是跟着亚历山大到处征战。

公元前 323 年，亚历山大过世了。他的死因至今还是历史谜题，有不少人都觉得亚历山大是被毒死的，因为马其顿的将领不满于亚历山大的征服计划，便合伙毒杀了亚历山大。也有观点认为，亚历山大是因病身亡，他在巴比伦可能感染了疟疾。

亚历山大的死很突然，他没有留下关于继承者的安排。虽然他有一个同父异母的兄弟，但那是一个弱智，根本无法继承王位。据说，在亚历山大病危期间，他曾对一个朋友说：“只有强者才能继承王位。”可是亚历山大手下的将领强者太多了，他们都想在这次政治斗争中为自己谋取最大的利益。这样一来，亚历山大的母亲、妻子和孩子都变得危险起来，没有了亚历山大的庇佑，他们接连死于非命。

亚历山大所创立的横跨欧亚非的大帝国也在他身亡后迅速分裂，最终托勒密、塞琉古、安提柯一世三人瓜分了这个庞大的帝国。其中托勒密成了埃及的统治者，而那位艳名远扬的埃及艳后克莉奥佩特拉则是他的后人。

亚历山大是亚里士多德的弟子，在亚里士多德的教导下，他俨然已经成了一个希腊人。亚历山大也十分推崇希腊文化，在征服的过程中，把希腊的文化传播到了许多国家和地区，开创了希腊化时代。

### 【希腊化时代】

希腊化时代是指地中海地区受到希腊文明影响，从而形成新文明的一段时期。

# 第二章

# 罗马帝国的兴衰

罗马进入了“王政时代”，成了君主制的国家。随后由于后代国王的肆意妄为，改由多名议员组成的“元老院”管理国家事务，罗马开始进入“共和时代”。在罗马的崛起之路上，有太多的敌人横亘在眼前，其中最为强大的莫过于迦太基。在与迦太基争霸的过程中，罗马的贫富差距开始拉大，新兴的军事贵族也在悄然崛起，罗马随即陷入了平民与贵族的斗争中。连年的战乱之后，罗马重归独裁统治……

# 打破罗马不败神话——汉尼拔

罗马在扩张过程中，遇到了一个强劲的敌人迦太基。这是腓尼基人创立的帝国，是地中海的霸主。起初，罗马与迦太基是同盟国，但随着罗马的壮大，迦太基就成了罗马的障碍，双方之间必须用战争来一较高下，这便是历史上著名的布匿战争。布匿是罗马对迦太基的称呼。

在第一次布匿战争中，罗马处于劣势地位，与擅长海战的迦太基相比，罗马显然处于下风。但罗马在战争中的进步很快，渐渐在战争中取得了优势。再加上，迦太基国内出现了内乱，第一次布匿战争以罗马的胜利结束。罗马作为胜利者，不仅向迦太基索要了大量的赔款，还让迦太基交出一块殖民地。

罗马的贪婪，引来了迦太基的仇恨，尤其是汉尼拔的仇恨，他的出现让罗马栽了大跟头，还打破了罗马军团不败的神话。

汉尼拔的父亲哈米尔卡是迦太基的将领，对罗马心存怨恨，并影响了汉尼拔。在第一次布匿战争失败后，哈米尔卡就决定带兵征服伊比利亚半岛。哈米尔卡的这个决定得到了商人们的支持，伊比利亚半岛有重要的港口，有利于开展贸易。但贵族们却反对这个提议，他们被罗马打怕了。最终，哈米尔卡带着一支中等规模的军队出发，这是商人和贵族商量后的结果。与哈米尔卡一起出征的还有汉尼拔，当时他只有9岁，是他主动央求父亲带他一同前去。出征前，哈米尔卡把汉尼拔带到了祭坛前，并让汉尼拔发誓，终生与罗马为敌。

在一次战役中，哈米尔卡战死了，他的女婿哈斯德鲁巴成了新的指挥官。在哈斯德鲁巴的率领下，迦太基的军队与当地人建立起了不错的关系，双方合作得十分愉快。但好景不长，哈斯德鲁巴被人刺杀了。此时，汉尼拔已经成年，他理所当然地成了新的统帅。

汉尼拔是个优秀的统帅，在军中颇有威信，不论是老兵还是新兵都十分爱戴他，他是个可以与普通士兵同甘共苦的指挥官。汉尼拔根本不满足伊比利亚半岛上这个小小的港口，他开始向南征服，这直接与罗马起了冲突。这次战役，汉尼拔取得了胜利。

汉尼拔胜利的消息立刻传到了罗马元老院，罗马方面马上向迦太基施压，让迦太基交出汉尼拔。迦太基拒绝了罗马的提议，并撕毁了之前的协议，直接向罗马宣战，第二次布匿战争开始。

在战争初期，汉尼拔把重点放在了西班牙，让罗马人以为汉尼拔想要占领西班牙，就从西西里进攻迦太基，另一支部队则在西班牙登陆。罗马打错了算盘，汉尼拔带领着军队来到了意大利，击败了罗马军队，深入意大利腹地。汉尼拔此举是个十分冒险的决定，因为他必须带领军队翻过比利牛斯山脉和阿尔卑斯山，这让汉尼拔折损了不少兵马，但好在结果是不错的，打了罗马一个措手不及。

面对汉尼拔这样的劲敌，罗马决定采用迂回的战术，不和汉尼拔正面对抗，把目标放在迦太基本土上，占领迦太基的要塞，这样就可以切断汉尼拔与迦太基本土的联系，让汉尼拔处于孤军奋战之中。

在接下来的几年内，虽然汉尼拔还能取得一些战役的胜利，但罗马渐渐占据了优势，开始收回失地，让汉尼拔丧失了对所占领土地的控制。在一次战役中，汉尼拔的弟弟战死了，他的头颅被送到了汉尼拔那里。这件事情给汉尼拔不小的打击。

公元前 203 年，汉尼拔接到了迦太基政府的召唤，带兵回国救援。此时，汉尼拔的军队已经在意大利征战了将近十五年，汉尼拔知道，一旦他离开，意大利一定会被罗马重新占领，自己多年的心血将付诸东流。在汉尼拔征战意大利期间，迦太基政府并未给汉尼拔的军队提供援助，可以说汉尼拔是在以一人之力对抗蒸蒸日上的罗马，在返回迦太基之前，许多将领根本不愿意离开意大利。

汉尼拔回国的途中与罗马军队相遇，罗马的统帅是大西庇阿。

这场战役是汉尼拔有生以来的第一次失败，也标志着第二次布匿战争的失败。在开战之前，汉尼拔与大西庇阿见了一次面，汉尼拔不想与大西庇阿交战，但由于双方都不让步，只好以战争的方式解决。

汉尼拔回到迦太基后，把失败的消息告诉了所有人，并宣布他决定退出战争。这场战役的胜利让大西庇阿在罗马的名声更加响亮，也使得罗马进一步奠定了地中海霸主的地位，迦太基的军事优势被彻底摧毁。

迦太基政府的腐败直接把迦太基这个商业帝国推向了灭亡之路。战争虽然结束了，但迦太基却欠下了巨额赔款，迦太基政府把赔款的所有负担都压在了平民身上，除此之外，还有苛捐杂税，这引起了许多人的不满。平民便提议让汉尼拔拯救迦太基，这样汉尼拔就成为迦太基政府的领导者。

在汉尼拔的管理下，迦太基开始实行一种新的法律制度，与罗马颇为相似。这种新政策不仅让迦太基还清了赔款，还提高了平民的生活水平。但汉尼拔却得罪了一些贵族，这些贵族决定利用罗马除掉汉尼拔，便向罗马告密，说汉尼拔想要发动一场针对罗马的战争。

对于罗马元老院来说，汉尼拔就是噩梦，他们绝对不允许汉尼拔卷土重来，就要求迦太基交出汉尼拔。汉尼拔提前得知消息，立刻逃走了。迦太基交不出汉尼拔，罗马决定发动战争，于是第三次布匿战争爆发了。

打败汉尼拔的罗马统帅大西庇阿十分敬佩汉尼拔，于是就向元老院为汉尼拔说情，希望能保住汉尼拔，但元老院根本不给大西庇阿面子。

罗马的军队很快包围了汉尼拔，并向汉尼拔喊话，让他投降。但汉尼拔并未忘记儿时的誓言以及对父亲的承诺，他对随从说："为了让我这样一个糟老头死，罗马已经费尽心血，如今我便为罗马解决掉这样一个大麻烦吧。"说罢，汉尼拔便服毒自尽了，他的随从也随后自杀身亡。

第三次布匿战争以罗马的胜利结束。对于迦太基，罗马并没有心慈手软，城市被夷为平地，迦太基人则沦为了罗马的奴隶，就连迦太基的土地也被罗马撒上了盐，让迦太基变成了没有丝毫生机的地方。

# 将希腊并入罗马版图——马其顿战争

在亚历山大时期，马其顿王国如日中天，当时的罗马还是个小国家。如果不是亚历山大英年早逝，或许罗马早已被他征服。但历史没有如果，在迦太基被罗马消灭后，马其顿就成了罗马的下一个目标。

在第二次布匿战争中，马其顿的国王腓利五世是汉尼拔的盟友，这引起了罗马的不满。腓利五世也是个野心勃勃的国王，一直想扩张领土，但却遭到了罗马的阻碍。在第二次布匿战争中，罗马的军队被汉尼拔打得落花流水，腓利五世就立刻与汉尼拔结成同盟，共同对抗罗马。

罗马立刻做出了回应，对马其顿宣战。腓利五世的军队十分擅长在陆地作战，在东部战场连连取得胜利，就在他准备到意大利分杯羹时，却传来了罗马海军入侵领海的消息。腓利五世的海军力量与罗马海军相比明显没有优势，就连战船这样的硬件设备都不能与罗马相提并论。不过，罗马也没讨到便宜，双方在东部战场上基本是势均力敌。

对于这样不分胜负的局面，罗马十分不满，就决定通过外交手段击败马其顿。罗马自称要把希腊从马其顿的统治下解救出来，这自然招揽了一大批反对腓利五世统治的同盟，腓利五世为了安定国内的局势，只好从意大利撤兵。由于当时罗马的敌人是迦太基，就主动和马其顿达成了和解。

腓利五世虽然不再与罗马为敌，但也没闲着，开始征服周围的国家，这下遭到了许多国家的联合抵抗。罗马在解决掉迦太基后，立刻反身来解决马其顿。

在与马其顿的战争中，罗马十分重视拉拢反对马其顿的同盟，就算拉拢不来，也尽量让一些国家保持中立。罗马向希腊人承诺，会帮助希腊推翻马其顿，到时候希腊就可以按照自己的意愿进行统治。罗马的这个承诺得到了许多希腊人的支持。

公元前197年，腓利五世率军与罗马交战。由于腓利五世的军队遭遇了大雾，其马其顿方阵无法发挥全部威力，便被罗马击败。这次战败，马其顿不仅丧失了对希腊的统治权，还得向罗马支付巨额赔款，最关键的是还被削弱了军事力量，没有罗马的同意，马其顿不得随意攻打周围国家。

战后，罗马兑现了对希腊的承诺，给希腊以自治的自由，但叙利亚的国王却无视罗马的命令。不过，罗马的军队很快让叙利亚国王同意了。不过，希腊所享有的自治却是必须以服从罗马命令为前提的，实际上已经成了罗马的一个省份。

在与马其顿交战期间，罗马还与亚洲国家塞琉西打仗。塞琉西的国王也是个野心勃勃的征服者，把手伸到了希腊的一些城市，希腊便向罗马寻求帮助。刚开始，罗马元老院并未打算出兵，只是派使者进行谈判。但塞琉西国王的一个举动促成了罗马的出兵，他收留了罗马的头号重犯汉尼拔。

塞琉西在海战上没有讨到便宜，两次被罗马击败。在最后一场战役中，塞琉西再次战败。战后，塞琉西签署了一项和约。按照规定，塞琉西不仅丧失了部分领土，还得赔偿巨额赔款，在军事上也受到了很大的限制。不过，罗马只收下了塞琉西的赔款，至于领土则被塞琉西的邻国统治。虽然罗马无意继续向东方征服，但塞琉西显然已经不是罗马的对手，再也没有能力向罗马叫板。

公元前179年，腓利五世去世，他的儿子佩尔修斯成为国王后，就想把希腊重收囊中。佩尔修斯的小动作立刻引起了罗马的注意，罗马的军队马上准备出征。

在这次战争中，罗马最初虽然处于劣势，但很快就扭转了战局，在后方的支持下，以最快的速度恢复了元气。在最后一次战役中，罗马军队被马其顿方阵逼得连连后退，最后退到了崎岖不平的山路上。这样的地形对于马其顿方阵来说是致命的，马其顿军队无法按照整齐的方阵排列，战斗力大大降低，最终罗马击败了马其顿的军队。马其顿国王佩尔修斯看到势头不对后，立刻逃走，但显然已经晚了，他被生擒，并被送入监狱中。马其顿也被罗马分割成四个国家。

通过不停地征战，罗马成了地中海的霸主，控制着许多殖民地。在殖民地上，不仅要按照罗马的规矩来，还得接受罗马总督和军队的统治。

## 首次挑战元老院权威——格拉古

连年征战的罗马，获得了大量的战利品和土地，喂饱了贵族和富人们，这些人开始用手中的财富享受生活。但下层贫苦的平民和普通士兵却很不满，他们付出了辛苦的劳动，尤其是士兵，常年在外征战，用性命与敌人厮杀，到头来自己却什么也得不到。大部分罗马人的不满引起了元老院的注意，元老们为了平息众怒，维护罗马内部的安定，就用法律来约束富人们的行径，避免公职人员滥用手中权力，但却收效甚微。

一个名叫提比略·格拉古的人在当选为护民官后，就开始实行有利于穷人的法律，让那些富人把超出法律范围的土地都吐出来，然后分给穷人耕种。

### 【护民官】

护民官是由公民大会选举出来的，没有年龄限制，任期为一年，主要职责就是维护平民的权利。为了保证护民官不被贵族刺杀，护民官享有人身不可侵犯的权利。最初，护民官只有两个名额，后来增加到了十个。

格拉古是大西庇阿的外孙，大西庇阿就是在布匿战争中击败汉尼拔的英雄。格拉古的父亲因救过大西庇阿的弟弟，便有幸娶到大西庇阿的女儿为妻。格拉古从小所接受的教育与希腊哲学有关，当他意识到罗马所存在的贫富差距大的问题后，便决定通过改革的方式加以解决。

格拉古所推行的新法律遭到了元老院的反对，元老院诬陷他想要借此独揽大权。在会议上，格拉古以民意为论点反驳了元老院对他的攻击，他所提议的改革方案也顺利通过。

一年后，公民大会再次召开，这次格拉古穿了一身丧服出现在众人面前。他这是在暗示所有的选民，如果他不能继续担任护民官，那么就会失去护民官这层保护伞，会死于非命。以格拉古为首的平民派与元老派争执起来，最后双方开始动手，整个大会变得混乱无比。混乱中，格拉古被人用棍子击中头部，当场身亡，他的追随者们也都死在了大会现场。最后，格拉古等人的尸体被扔到了河流中。

格拉古是第一个挑战罗马元老院权威的人，如果他能继续担任护民官，或许就能废除元老院的某些权力。格拉古的死点燃了许多罗马人的怒火，元老院为了平息众怒，只好继续执行格拉古所提出的改革方案。

十年后，格拉古的弟弟盖马斯·格拉古继承了兄长遗志，他决定要继续改革。盖马斯与格拉古不同，是个十分精明的政客，同时他还有一颗正义之心，口才也十分不错，在公民大会上当选为护民官。

盖马斯在实行改革前，开始为自己拉拢支持者，平衡各个阶级的利益，企图让改革稳步开展。盖马斯吸取了格拉古失败的教训，与元老院保持着不错的关系。但盖马斯在提出罗马平民享有选举权的建议后，就彻底得罪了元老院，从那以后，元老院便想除掉盖马斯。

元老院把盖马斯从罗马支开，盖马斯接到了一项新的任命，到迦太基殖民地处理一些事务。在盖马斯离开的这段时间里，元老院重新培植了一个护民官，让这位新任护民官收买人心。等盖马斯回到罗马后，发现他的支持者已经寥寥无几，再加上元老院的小动作，盖马斯与护民官一职擦肩而过。

从此以后，盖马斯便待在家里过起了闲散的日子。第二年，元老院企图废除盖马斯和格拉古所推行的改革措施。在一次会议上，盖马斯一方与元老院再次发生冲突。盖马斯等人就成了元老院的头号追杀对象，在逃命的途中，盖马斯身受重伤，为了不让自己落入政敌的手中，盖马斯命令手下人杀死自己。

盖马斯等人死后，元老院便命人把他们的尸体也扔到了河里，当时许多人都在围观，包括盖马斯的朋友和支持者在内，但却没一个人站出来为盖马斯打抱不平。但元老院却并不准备就这样轻易放过盖马斯，盖马斯家中的财物也被洗劫一空，就连盖马斯的亲人都不能公开祭奠他。

## 内战中的平民英雄——马略与苏拉

贫富悬殊的罗马共和国虽然在勉强维持，但其殖民地却遭到了入侵。在接二连三的战争中，一个平民英雄诞生了，他就是盖乌斯·马略。

马略在朱古达战争（罗马与努米迪亚国王朱古达之间的战争）中，马略向所有士兵承诺，只要他成为统帅，就一定能取得胜利。马略获得了指挥权后，率领军队赢得了朱古达战争的胜利。功勋卓著的马略后来成功当选执政官，并赢得了商人们的支持。商人们支持马略是因为他能打胜仗，这样就可以开拓市场，还能防止入侵者侵犯自己的利益。

### 【执政官】

罗马共和国通过选举产生的最高执行长官，相当于国家元首，不仅能统率军队，还能主持元老院会议，在外交事务中代表罗马共和国。

马略是位优秀的指挥官，他所率领的军队在作战时十分勇敢，不过他们并不是为共和国而战，而是只忠诚于马略和战利品。在马略的带领下，罗马军队重新占领了意大利，击败了入侵者。

在马略回到罗马后，他不仅受到了热烈的欢迎，还得到了许多战利品。元老院经过商议，决定把马略带回来的部分战利品留给他个人。一时间，马略成了罗马最富有的人之一。

如果没有那场暴乱的话，马略或许可以成为罗马共和国的一个传奇。这场暴乱的领头者便是马略的好友鲁西乌斯。鲁西乌斯建议马略，把一些土地分给士兵，马略同意了。但鲁西乌斯的这项提议却遭到了元老院的反对，于是一场暴乱开始了。最后，元老院请马略来平定暴乱。

马略接受了元老院的任命，出兵平息暴乱，杀死了鲁西乌斯。马略的这个决定虽然迎合了元老院的意愿，但却颇受诟病，不仅失去了平民的支持，就连贵族也不看好他这个杀害朋友的人。不论怎样，马略都是罗马共和国期间连任执政官次数最多的一个人，他也被称为罗慕路斯再世。

虽然马略率军把入侵者从意大利赶了出去，但却并未赢得意大利人的好感，意大利人想要摆脱罗马的统治，就这样意大利动乱开始了。此时，富贵闲人马略就成了罗马人心中统帅的最佳人选，罗马人希望马略能率兵平定意大利动乱。但元老院却不是这么想的，元老院想让苏拉将军担任统帅。

苏拉曾是马略的手下，出身贫穷。与马略不同，苏拉是站在贵族一方的，他想要摆脱贫民的身份，跻身贵族之列，他明白想要实现这个目的，就必须像马略一样，在战争中得到晋升，只有取得某个重大战役的胜利，他才有可能像马略一样，担任执政官。

马略与苏拉针锋相对，最终苏拉带兵打败了马略的队伍，马略只好逃到非洲避难。苏拉掌握大权后，先杀死了护民官，然后任命一个人担任执政官，处理完这些事务后，他便决定出征亚洲，讨伐本都王国的米特拉达梯国王。

在苏拉出征期间，罗马的贵族和平民再次出现争执，争执最后演变成了暴动。在非洲的马略听说了罗马的暴动后，立刻回到罗马，宣布要解放奴隶。马略成功镇压了这场暴动，不过这一次马略所代表的是平民的利益，因为他是苏拉的敌人，而苏拉维护的则是贵族的利益。

胜利后，马略便展开大屠杀，杀死了许多贵族和苏拉的朋友。这一次，马略再次当选为执政官，不过他刚上任不到一个月就过世了，死时 71 岁。

虽然元老院曾经支持苏拉，但由于苏拉想搞个人独裁，便失去了元老院的支持，这一点体现在军费上，元老院切断了远征在外的苏拉军队的军费。没有后援，苏拉只好暂时放弃与米特拉达梯的战争，并与米特拉达梯达成了协议。但苏拉并未马上回到罗马，而是到处抢劫财物，只有这样他才能养得起自己的军队。

苏拉虽然是个穷奢极欲之人，但在率兵打仗时，他却可以做到与士兵同甘共苦，除此之外，苏拉对士兵们也很大方，会把土地和战利品分给士兵。

苏拉带着大量的战利品回到了罗马，他把抢来的金子和银子上缴给国库。但这些财富并未赢得罗马民主派的好感，他们斥责苏拉是罗马的耻辱，因为苏拉与敌人米特拉达梯签订了和约。

不过，苏拉很快控制了罗马，他成了罗马共和国的独裁者，元老院也拿他没办法。不久之后，苏拉便展开了大屠杀，凡是与他作对的人都被杀死，就连元老和贵族也不例外。苏拉还剥夺了护民官应有的权力，让护民官变成了一个可有可无的虚职。

两年后，苏拉辞去了所有的职务，开始建立只忠诚于自己的政府。在 58 岁时，苏拉因身染恶疾不治身亡。

苏拉死后，庞培成了执政官，他恢复了护民官的权力。不久之后，庞培就率领军队远征米特拉达梯，与此同时元老院内部正在明争暗斗。此时的罗马共和国早就混乱不堪，贵族们沉溺于享乐，平民的不满情绪日益强烈，贵族与平民之间总是争斗不断。

## 共和国的独裁者——凯撒

公元前 102 年的一天，尤利乌斯·凯撒出生于罗马的一个贵族家庭。他和许多罗马贵族出身的男人一样，在 7 岁时，被送到学校接受教育，他是个优秀的学生，对古希腊文学和体育运动十分感兴趣。

成年后，凯撒赢得了元老院的支持，但他却是苏拉仇人的儿子，当时罗马可是苏拉说了算，凯撒只好离开罗马。凯撒离开罗马不久，苏拉就不再追杀他了，苏拉的一个朋友为凯撒说情，看在朋友的面子上，苏拉就决定放过凯撒。苏拉明白，凯撒是个难得的军事人才，他甚至说凯撒抵得上好几个马略。

公元前 74 年，凯撒回到罗马，并开始参加选举，他利用金钱和阴谋诡计成了执政官。

在担任执政官期间，凯撒为了赢得平民的支持，就下令修建公共建筑，可是他却没有得到元老院经费上的支持，为此凯撒只能自掏腰包，让自己濒于破产。不过，凯撒在罗马政坛上的地位却变得越来越重要。

在东方征讨米特拉达梯的庞培虽然带来了不少战利品，但却为元老院所忌惮。庞培为了获得元老院的支持，就主动遣散军队，但这依旧没有打消元老院对他的猜忌。这时，凯撒站了出来，并主动与庞培结成政治同盟，他把自己年仅 14 岁的独生女茱莉亚嫁给了庞培，当时庞培已经 50 岁了。

此外，克拉苏也成了凯撒拉拢的对象。这样一来，凯撒、庞培和克拉苏就具备了和元老院对抗的资本。不过凯撒并不满足于手中的权力，他想要成为一个独裁者，让罗马按照自己的个人意愿运行。凯撒知道，战争是最好的掌握权力的方式，于是他决定远征高卢。

## 【高卢人】

高卢人即凯尔特人，分布在今法国、比利时、意大利北部、荷兰南部、瑞士西部和德国南部莱茵河西岸一带的广大地区。高卢包括内高卢与外高卢：内高卢即山南高卢，位于阿尔卑斯山以南的意大利北部；外高卢即山北高卢，包括阿尔卑斯山经地中海北岸连接比利牛斯山一线以北的广大地区。

凯撒不仅擅长玩弄政治，还是个杰出的统帅。罗马军队在他的带领下，成功征服高卢。这次胜利不仅让凯撒名声大振，还给他带来了许多战利品，凯撒成了罗马的英雄。但对于高卢人来说，凯撒却是个恶魔，许多高卢人都战死沙场，有侥幸活下来的，也成了罗马的奴隶。

凯撒的声望，不仅让元老院忌惮，就连他的盟友庞培也开始提防凯撒搞独裁。在茱莉亚难产死后，凯撒便提出把侄孙女嫁给庞培，还趁机对庞培说："要不，你把女儿嫁给我吧。"庞培不仅拒绝把女儿嫁给凯撒，还拒绝娶凯撒的侄孙女。这样，凯撒与庞培之间的盟友关系彻底破裂。

在这个同盟阵营中，克拉苏已经出局，他虽然有独裁的野心，但却没有领兵打仗的能力，在战争中的失败，让他丧失了与凯撒、庞培争夺权力的资本。

庞培不论是政治头脑，还是领兵打仗，都不如凯撒。在罗马，凯撒已经获得了名望、金钱和军队，但庞培有元老院的支持。在会战中，庞培被凯撒彻底击败。失败后的庞培只能逃到埃及避难。

此时统治埃及的是托勒密王朝。在亚历山大大帝去世后，他所建立的庞大帝国被手下将领分割，其中托勒密占领了埃及，据说当时托勒密的手上有亚历山大的尸体，这是一张王牌，帮助托勒密坐稳了埃及国王的位置。

罗马崛起之后，埃及立刻变成了一块将要被罗马吞噬的肥肉。到了托勒密十二世担任国王时，埃及已经成了罗马的附属国，每年都需要用大量的财物贿赂罗马。不过金钱远远无法满足罗马的胃口，罗马把埃及的一个岛屿变成了殖民地。这引起了埃及人的不满，托勒密十二世这个巴结罗马的国王自然成了人们发泄怒火的出口，托勒密十二世只好到罗马避难，他的妻子和长女便成了埃及的统治者。

有了罗马的支持，托勒密十二世又杀回埃及，他重新登上王位。再次成为国王的托勒密十二世展开了疯狂的报复，他杀死了长女，因为当时他的妻子已经去世。此时，托勒密十二世的继承者便只剩下一个女儿和儿子，这个女儿便是著名的埃及艳后克莉奥佩特拉。

在许多文学作品中，克莉奥佩特拉都被描述成了一个美丽放荡的女人，她利用自己的美貌维持着埃及的独立性。但实际上，克莉奥佩特拉却是个优秀的统治者。

在托勒密十二世去世后，克莉奥佩特拉和弟弟结婚，他们共同享有王位继承权，但克莉奥佩特拉却想成为埃及的唯一统治者，当时的埃及已经摇摇欲坠，她知道自己需要政治同盟的支持，这样既可以帮助她成为埃及的女王，还能维护埃及的稳定，她看好的是凯撒。克莉奥佩特拉的弟弟，也就是托勒密十三世，也看好凯撒，希望凯撒能支持自己在埃及的统治。

这姐弟二人开始想方设法讨好凯撒，只是两人想到的办法不一样。克莉奥佩特拉把自己当成礼物送给了凯撒，她送礼物的方式还很特别，她藏在一张大毯子中，让下属打扮成商人的样子，把大毯子送给凯撒。凯撒一下子被克莉奥佩特拉吸引，他让克莉奥佩特拉当自己的情人。

托勒密十三世想到的办法，便是用庞培的项上人头讨好凯撒。战败的庞培逃到埃及避难，于是托勒密十三世杀了他。凯撒看到庞培的人头后，十分生气，发誓要为庞培报仇。在罗马，庞培虽然是凯撒的政敌，但他们也都因对方的能力惺惺相惜，而且庞培还是凯撒的女婿。

凯撒率领军队与托勒密十三世爆发了亚历山大战役，最终凯撒取得了胜利，托勒密十三世战死，克莉奥佩特拉也顺利成了埃及女王。

独裁的凯撒在罗马的元老院和贵族眼中就是敌人，为了避免凯撒称王称帝，一场谋杀行动开始了。公元前 44 年，凯撒决定征服帕提亚，但占卜师却说“只有王者才能征服帕提亚”，这让罗马贵族们更加不安。在典礼上，安东尼在献花时则直接称凯撒为王。尽管凯撒拒绝了，但罗马贵族们却觉得凯撒很快就要称王了，在此之前必须杀死凯撒。

3 月 15 日的早晨，凯撒到元老院参加会议。出门前，凯撒的妻子告诉他，她做了一个不吉利的梦，梦到凯撒浑身是血。就连凯撒的一个朋友也提醒他，不要到元老院去。凯撒并没有在意这些警告，在元老院，刺客卡斯卡先动手，随后人们纷纷围住凯撒，并拿出匕首刺向凯撒，其中包括凯撒的好友布鲁图斯。最后，凯撒倒在了庞培的雕塑下。

凯撒的死标志着罗马共和国已经走到末路，元老院成了众矢之的。这个时候的罗马开始向帝国过渡。那些刺杀凯撒的人也都纷纷死去，凯撒的忠实支持者马克・安东尼和养子屋大维开始争夺罗马的最高统治权。

克莉奥佩特拉在得知凯撒去世的消息后，立刻开始寻找新的靠山，她看好安东尼。安东尼立刻拜倒在克莉奥佩特拉的石榴裙下，并在埃及和克莉奥佩特拉过起了醉生梦死的日子。

## 共和通往帝国之路——屋大维

在凯撒死后，元老院迅速做出反应，决定为凯撒举行一场盛大的葬礼，以平息众人的怒火。但凯撒的部下安东尼却不打算息事宁人，他认为既然凯撒死了，他就是合法继承人，在凯撒遇刺身亡的四天后，安东尼发表演讲，公开斥责那些参与刺杀凯撒的人，还宣读了凯撒的遗嘱。

按照凯撒的遗嘱，他的养子屋大维是合法继承人，这点让安东尼既意外又愤怒，他本以为自己会继承凯撒的一切。此外，凯撒还把私人花园捐了出去，当作平民可以任意参观的公共花园。

安东尼的演说把众人的愤怒推向了高潮，尤其是安东尼让人们观看凯撒那惨不忍睹的尸体时，人们变得更加愤怒。通过这次演说，安东尼名声大振。尽管屋大维是凯撒的合法继承者，但当时他正征战在外。安东尼的势力引起了元老院的注意，元老院立刻召回屋大维。

凯撒遇刺时，屋大维才 18 岁，是个年轻人，在军中的威望也不高。当屋大维得知自己是凯撒的继承人后，许多人都劝他不要蹚这浑水，不然他就会成为凯撒仇人的重点报复对象。屋大维没有在意这些意见，反而不断强调他就是凯撒的儿子。屋大维的此举赢得了许多凯撒支持者的欢迎。

屋大维回到罗马后，开始组建自己的军队，还取得了元老院的支持。

势力渐渐壮大的屋大维开始不满于元老院的控制，并胁迫元老院任命他为执政官，开始大肆捕杀那些参与刺杀凯撒的人。很快，屋大维意识到自己不可能是元老院的对手，就和安东尼和解，再加上高卢总督雷必达的势力，他们三个人像当年的凯撒、庞培、克拉苏一样结成了与元老院对抗的同盟。

布鲁图斯等刺杀凯撒的主谋被屋大维等人的同盟军队打败后，屋大维留在罗马，安东尼去了埃及。这时，屋大维面临着一个强劲的对手，他就是塞克斯塔斯，也被称为小庞培，是庞培的私生子。塞克斯塔斯所率领的军队封锁了地中海航线，凡是过往船只都必须得到他的首肯，这样罗马的运粮路线就被塞克斯塔斯完全控制了。屋大维与这个劲敌展开了较量，塞克斯塔斯被击败后，便带着残余部队往东方逃去，最终死在了安东尼的手上，庞培的支持者便憎恨起安东尼。

身在埃及的安东尼被克莉奥佩特拉迷住了，他与克莉奥佩特拉结了婚，并把罗马的一些殖民地当作礼物送给了埃及女王，还声称要把首都迁到埃及。克莉奥佩特拉还为安东尼生下了一对双胞胎，在她还是凯撒的情人时，也给凯撒生了一个儿子。安东尼的这些作为遭到了罗马人的反对，屋大维利用了这一点，让安东尼彻底失去罗马人的支持，安东尼被当成了罗马的敌人。

安东尼也没闲着，他向元老院建议，让屋大维提早退休，并声称只有这样才能维护罗马的共和制。但屋大维很快就做出了回应，他偷来了安东尼的遗嘱，并把它交给元老院。在这份遗嘱中，安东尼规定克莉奥佩特拉所生的儿子为他的合法继承者，还说他死后要和克莉奥佩特拉葬在埃及。这份遗嘱让元老院以为，安东尼已经彻底成了埃及女王的附庸，这样迟早有一天，罗马会被埃及统治。最后，元老院同意屋大维率兵征服埃及。

屋大维的军队与安东尼的军队在希腊西岸的亚克兴湾相遇，并展开激战，安东尼被打败后，立刻逃往埃及与克莉奥佩特拉商议下一步该怎么办。安东尼派人给屋大维送信，表示愿意讲和，但却遭到了屋大维的拒绝。而克莉奥佩特拉却瞒着安东尼，送给了屋大维一份礼物，即一顶王冠、一根金权杖。这是求和的姿态，屋大维很喜欢这份礼物，就派人告诉克莉奥佩特拉，只要她杀死了安东尼，就能保住埃及。

在最后一战开始前，安东尼写信告诉屋大维，只要能饶过克莉奥佩特拉和他的孩子们，他愿意以死谢罪。可是屋大维却毫不理会，一场战争在所难免。

安东尼战败并被杀死。不过此时的克莉奥佩特拉根本没时间为安东尼的死感到悲伤，她想要继续用姿色为埃及寻找靠山，但屋大维却根本不吃这一套，还说要把她押送回罗马，这是要游街示众的节奏。为了保住女王的尊严，克莉奥佩特拉选择了自杀。屋大维饶过了安东尼和克莉奥佩特拉的孩子们，但却杀死了凯撒的儿子，他的存在威胁了屋大维凯撒继承者的地位。

安东尼死后，屋大维成了罗马的最高统治者，至于雷必达这个曾经的同盟者，早就不是屋大维的对手了，在屋大维和安东尼交战前，雷必达就已经被屋大维强制退休。屋大维这时选择向元老院低头，他公开宣布恢复共和制，并主动把手中的权力交给元老院。为此，屋大维还获得了“奥古斯都”的称号，意为最尊贵、最高尚的人。

不过这些都是表面现象，虽然元老院还存在，并被赋予了最高权力，但实际上真正的实权还掌握在屋大维的手中。在屋大维的统治下，罗马渐渐恢复了和平与繁盛，他本人也赢得了许多赞誉。在掌握大权后，屋大维也不再到处宣扬自己是凯撒的继承者，而是开始宣扬自己是神的儿子。屋大维还自称为“元首”，是罗马的第一公民，这时的他俨然以皇帝自居。

在屋大维的统治下，罗马共和国已经成功地向帝国过渡，在他死后，继承人就变成了帝国的首要大事。屋大维的现任妻子利维亚，只带过来一个儿子提比略，而屋大维只和前妻生下一个女儿茱莉亚。

在屋大维的安排下，茱莉亚与玛尔凯卢斯结婚。但没过多久，玛尔凯卢斯就死了，死时年仅 19 岁。据说，玛尔凯卢斯是被利维亚毒死的。

玛尔凯卢斯死后，屋大维便把女儿嫁给了阿格里帕。茱莉亚与阿格里帕生下了五个孩子，其中三个儿子和两个女儿。屋大维收养了其中两个孩子，当作继承人进行培养。

在阿格里帕去世后，提比略便受命与茱莉亚结为夫妇。提比略和茱莉亚都不满于这场婚姻，茱莉亚甚至还找情人，这让屋大维觉得很丢人，遂把她发配到一个荒岛上。提比略则趁机隐居起来。在两个养子去世后，提比略则被屋大维当作继承人培养起来。屋大维去世后，提比略继任奥古斯都，成为罗马的第二位皇帝。

# 向上帝寻求帮助——君士坦丁

罗马帝国在经历了辉煌之后，渐渐走向没落，在塞维鲁王朝终结之后，罗马帝国变得混乱起来，除了统治者的争斗外，贫苦的下层民众也没闲着，一次次的起义动摇着罗马皇帝的统治。戴克里先成为皇帝后，实施了一系列改革，改变了罗马的混乱局面。

戴克里先是靠军功崛起的，他的父亲曾经是个奴隶，后来虽然获得了自由，但依旧生活贫困。作为一个下层人士，戴克里先只能到军队中谋求前途。

当时的罗马皇帝是卡鲁斯，戴克里先则是他的卫队队长。卡鲁斯在远征波斯的路上，被人谋杀，与他一同出征的儿子努美利亚努斯就成了罗马的新任皇帝。不久后，这位皇帝也被谋杀。近卫军长官阿培尔封锁了皇帝被杀的消息。但士兵们多日不见皇帝，还闻到了尸体的臭味，就开始怀疑阿培尔。这时，戴克里先跳出来，指责阿培尔杀死了皇帝。最后，阿培尔被戴克里先杀死，而戴克里先则成功地登上了皇帝之位。

戴克里先上台后，先击败了反对者，然后开始收拾元老院，剥夺元老院仅剩的实权，让元老院变成了一个空架子。处理完元老院后，戴克里先开始肆意享受身为皇帝的威严，他也成了罗马帝国第一个有名有实的皇帝。

戴克里先为了防止罗马分裂，就展开了一系列的改革。他把原有的罗马行省分割得更小，还剥夺总督的兵权。戴克里先十分信任自己的好朋友马克西米安，让他治理罗马帝国的西部。虽然马克西米安并不是皇帝，但手中所掌握的权力并不比戴克里先少。至此，四帝共治制开始实行，两位奥古斯都（皇帝）加上两位凯撒（皇帝的副手和继承人）。这种制度后来被分裂后的西罗马帝国沿用。

### 【四帝共治制】

罗马帝国被戴克里先分为东西两部分，每部分都由一位皇帝统治，被称为“奥古斯都”。奥古斯都所指定的继承人，则被称为“凯撒”。

55 岁时，戴克里先选择了退休，每天都待在皇宫里种菜自娱。自动放弃权力的戴克里先渐渐被踢出了权力中心，元老院开始找他算账，他的妻子和女儿被判有罪，在被囚禁后不久被人杀死。

戴克里先去世后，罗马帝国再次陷入混乱之中，这时一个人脱颖而出，他便是君士坦丁，从此之后，基督徒的苦日子也到头了。

据说，君士坦丁是私生子，他的父亲克罗尔是罗马的一位高级将领，母亲海伦娜则是一家小旅馆的仆人。在克罗尔成为罗马西部的继承者之前，戴克里先要求他与海伦娜撇清关系，并为他介绍了一个新的结婚对象。

顶着私生子的帽子，君士坦丁自然无法像贵族子弟一样接受良好的教育，他很早就开始从军。君士坦丁的英勇机智被戴克里先的继任者所看重，他扣押了君士坦丁，不让君士坦丁到罗马西部与克罗尔会合。

戴克里先与马克西米安退休后，罗马西部的统治者就变成了克罗尔。君士坦丁得知父亲成为“奥古斯都”的消息后，更加急切地想要回到父亲身边，他得赶紧争夺“凯撒”的位置。他成功逃了出来，马不停蹄地赶到了父亲身边。

不久之后，君士坦丁便跟随父亲到不列颠征战。虽然君士坦丁是私生子，但在军中颇受士兵们的爱戴，并在克罗尔去世后，被军队拥戴为“奥古斯都”。君士坦丁的继位遭到了一些高级将领的反对，一场无法避免的内战开始了。

君士坦丁击败他的反对者后，就成了罗马西部名正言顺的统治者，不过他并不满足于此，他想要成为罗马帝国唯一的统治者，这意味着他必须打败罗马东部的统治者李锡尼，李锡尼也有这样的念头。但目前为止，他们二人必须保持和平，为了维护这种和平的关系，君士坦丁把妹妹嫁给了李锡尼。

君士坦丁与李锡尼的和平局面很快被打破，双方开始争夺最高统治权。最后，李锡尼被君士坦丁击败。李锡尼认为他的失败是基督徒造成的，如果没有基督徒的支持，君士坦丁不可能是他的对手。李锡尼把战败的怒火全部发泄在基督徒的身上，开始大肆捕杀基督徒。

在一次战役中，李锡尼再次被君士坦丁击败。这一次，李锡尼无处可逃，只能选择投降，好在君士坦丁也承诺，会对他宽大处理。但在一年后，君士坦丁就故意找了一个理由把李锡尼处死了。从那以后，君士坦丁就成了罗马帝国唯一的统治者，直到他去世。

在君士坦丁的统治下，基督徒不再受到罗马政府的迫害，他们可以光明正大地坚持自己的信仰。不久之后，君士坦丁也开始信仰基督教。在君士坦丁的支持下，曾被没收财产的基督徒拿回了自己的财产，教士们被赋予特权，许多教堂拔地而起。一时间，基督教成了罗马的国教。

【君士坦丁堡】

君士坦丁堡在成为罗马帝国都城后就成了欧洲最富有、最美丽、最文明的城市，这里有许多精美的建筑，至今是个旅游胜地，也就是伊斯坦布尔。

## 庞大帝国的肢解——东西罗马

狄奥多西成为罗马帝国的统治者后，奉基督教为国教，不允许异教的存在，与君士坦丁相比，他是个狂热的基督徒皇帝。

狄奥多西出生于一个信仰基督教的家庭，在父亲的带领下，曾参加抗击入侵者的战争。在取得胜利后，他与父亲一起在当地实施一系列的改革，但效果并不怎么明显。

战场上的胜利让狄奥多西与父亲获得了高级军职，但他的父亲却屡屡干涉皇帝的决定，这让皇帝十分不满。不久之后，狄奥多西的父亲被杀害，他本人也被革去军职，无奈之下，狄奥多西只好回到家乡。

公元379年，狄奥多西的贵人出现了，他被皇帝格拉提安任命为罗马东部的统治者。上任后不久，狄奥多西就率兵抗击哥特人的入侵，但却失败了。狄奥多西只好选择与哥特人和谈，用赔钱和割地的方式换回了短暂的和平。当然，狄奥多西也不是个窝囊的皇帝，他虽然赔钱和割地了，但却让哥特人帮助他抗击入侵者。

为了加强对罗马帝国的统治，狄奥多西变成了一个狂热的基督徒，大力支持基督教在罗马的传播以及教会的建设。但狄奥多西却极力反对教会参与政务，不让教会掌握政治权力。狄奥多西对异教的态度十分强硬，不允许异教在罗马的传播，甚至还亲自率兵镇压异教徒。后来，整个罗马帝国都纳入了狄奥多西统治之下。

公元 395 年，狄奥多西去世，他的两个儿子便成了罗马帝国的继承者，分别统治罗马帝国的东部和西部。从那以后，罗马帝国被一分二为，变成了西罗马和东罗马。

狄奥多西的这两个儿子，虽然都是品行端正之人，但却从未跟随父亲上战场接受历练，他们显然不适合成为统治者，很快他们手中的权力就被夺走了。

西罗马的统治者并未沿用狄奥多西与哥特人结盟的外交政策，5 世纪时，哥特人开始入侵西罗马。西罗马被打败后，都城内的财物都被抢劫一空，丝毫不见昔日繁华。西罗马帝国灭亡后，哥特人便建立了自己的国家，并采用了罗马的政治制度。就连罗马帝国原属行省的总督们也没有表示不满，他们根本不在乎罗马都城的统治者到底是罗马人还是哥特人，反正不损害他们的利益就行。而哥特人与东罗马的关系处理得不错，双方互不干扰。

## 工作狂皇帝——查士丁尼

查士丁尼出生于一个卑微的农民家庭，但他却成了拜占庭帝国的继承者，他的叔叔查士丁因军功发迹，成了拜占庭的皇帝。

作为一个目不识丁的农民，查士丁十分注重对继承人的培养，他的侄子查士丁尼因此接受了良好的教育。

公元527年，在查士丁去世后，查士丁尼成了拜占庭的皇帝，此时他已经45岁了。与行伍出身的叔叔查士丁不同，查士丁尼看起来就是个风度翩翩的学者，十分注重自身的道德修养，不仅喜爱素食，还总是节制食量，并保持着早起的习惯。不过，查士丁尼特别注重宫廷礼节。这或许与查士丁尼的出身有关，在许多贵族的心中，他们根本看不起查士丁尼。

在处理政务之余，查士丁尼还会专门研究音乐、哲学、诗歌等学问，并以此为乐。实际上，查士丁尼是个野心勃勃的人。在查士丁尼成为皇帝后，他便试图恢复罗马帝国以往的荣耀，这需要夺回丧失的大片领土，为此他发动了多次战争，重新控制了许多重要行省，还夺回了地中海的统治权。

查士丁尼是个相当勤快的皇帝，每天都忙着处理国家大事，从早上起床后一直工作到中午，吃过午饭后继续工作，直到深夜时分才休息。这样一个工作狂皇帝让他的臣子们十分恐慌："查士丁尼不是人，是个不需要休息的恶鬼！"在查士丁尼统治期间，臣子们再也不可能偷懒。

公元532年，查士丁尼遭遇了一次大规模叛乱——尼卡暴动。在这一年，查士丁尼命人进攻波斯。虽然拜占庭赢得了胜利，但也被波斯军队牵制住了手脚，为此双方只好签署停战协议。这份协议让查士丁尼花了不少钱。这件事对于查士丁尼来说就是一个耻辱，对于反对者来说却是推翻查士丁尼统治的一个借口。

在这场大叛乱中，君士坦丁堡彻底陷入混乱当中，到处都是烧杀抢掠。面对此景，查士丁尼变得慌乱起来，躲在皇宫中想着逃跑计划。这时，一个女人站了出来，她鼓励查士丁尼平定叛乱。这个女人便是查士丁尼的皇后狄奥多拉。

查士丁尼和狄奥多拉虽然在生活习惯上有许多出入，但感情却很好。查士丁尼是个节食且早起的人，但狄奥多拉却是贪吃、贪睡的人。不过两人却有一个共同点，他们都是野心勃勃之人，喜欢华丽的生活。

在尼卡暴动中，查士丁尼被暴乱的人们围在皇宫中。查士丁尼为了缓解众怒，在竞技场发表演说。当时的情况变得十分混乱，人们起初只是咒骂皇帝，最后演变成直接向皇帝、皇后扔石块。

查士丁尼和狄奥多拉在侍卫的掩护下，成功逃回皇宫。查士丁尼被这种场景吓坏了，便收拾细软，决定离开君士坦丁堡避避风头。狄奥多拉得知后，立刻劝阻查士丁尼离开，并告诉查士丁尼："紫袍是最美丽的裹尸布。"

**【紫袍】**

紫袍是罗马皇帝的御用衣着，穿上紫袍意味着登上皇位。

据说，当查士丁尼听到了狄奥多拉的这番话后，立刻羞愧得无地自容，并决定留在君士坦丁堡平定这场叛乱。狄奥多拉派出一名亲信，让他携带重金收买暴动一方的领导者。查士丁尼的心腹贝利撒留将军在听说暴动的消息后，立刻率兵从波斯回到了君士坦丁堡，并在狄奥多拉所收买的暴动领导者的帮助下，成功登上高处，向暴动的人群放箭。这场暴动以许多人的死亡而告终。

身为胜利一方的查士丁尼选择了疯狂的报复，凡是反对者和中立者都被查士丁尼处死。对于查士丁尼的这种做法，狄奥多拉不仅支持，反而要求株连，一些贵族的家人也被处死。

自从尼卡暴动平息后，狄奥多拉便开始与查士丁尼平起平坐，成了拜占庭帝国的共治者之一，开始参与帝国事务的处理。

# 第三章

# 中世纪的欧洲

中世纪的欧洲处于混乱当中。从克洛维开创的墨洛温王朝到被查理曼带向巅峰的加洛林王朝，法兰克王国一度强盛。可是在查理曼身后，王国解体，一分为三，成为日后的法国、德国和意大利的前身。四分五裂的欧洲风云变幻，王位的争夺，教皇与国王的较量，王国之间的战争，旷日持久的十字军东征，延续千年的东罗马帝国最终覆灭于奥斯曼土耳其的征服者之手，而在它的北方，一个新的帝国——俄罗斯正在崛起。

## 从首领到国王——克洛维

高卢自从被凯撒征服后，就变成了罗马的一个行省，周边的日耳曼部落也会定期向罗马军队输送壮丁，并担负着戍守边疆的职责。但随着罗马的分裂和衰落，罗马对高卢的统治渐渐变得力不从心起来。自从西罗马灭亡后，高卢地区就陷入了混战之中。在高卢有一个小国王希尔德里克，他在成为王国的统治者后，便野心勃勃地想要让这个小王国壮大起来。希尔德里克捍卫罗马与高卢的同盟，会帮助盟友抵抗入侵者。

希尔德里克的儿子便是克洛维，法兰克王国的第一代国王，墨洛温王朝的奠基者。据说，克洛维的母亲是另外一个国王的王后，是希尔德里克从这位国王的手中抢来的。克洛维的母亲觉得希尔德里克是个有野心也有能力的男人，便选择和他在一起，不久后就生下了克洛维。克洛维在继承王位时只有 15 岁。

公元 486 年，克洛维率军攻打高卢北部，击败了在高卢的最后一个罗马总督，进一步扩大了法兰克王国的地盘，并将各个散落的部落联合在一起。克洛维的征伐远没有就此停止，他建立了一个新的王国，即法兰克王国。

公元 493 年，克洛维与勃艮第公主克洛蒂尔达结婚。克洛蒂尔达是个狂热的天主教徒，她在和克洛维结婚后，便一直努力让克洛维成为一名天主教徒。不过，克洛维并没有被天主教所吸引，他有自己的宗教信仰，奥丁（古代斯堪的纳维亚半岛的一个神灵）便是他所信仰的神。

在曲尔皮希战役中，克洛维告诉妻子，只要他能赢得战争的胜利，那就说明上帝在帮助他，他会放弃原有的宗教信仰，改信天主教。这场战役对于克洛维来说赢得十分惨烈，他的军队差点儿被敌军消灭，所幸敌军的国王被杀，敌军很快便崩溃了。这场来之不易的胜利，让克洛维相信了上帝的力量。

公元 496 年的一天，克洛维亲自率领军队接受了洗礼，成了一名天主教徒。克洛维也因此得到了罗马教会的认可，教会宣称，克洛维是上帝所认可的国王，他可以行使国王的权力。

在克洛维的一生中，他完成了三件大事，即统一法兰克、征服高卢以及成为天主教徒。至于克洛维为什么要受洗成为天主教徒，主流的观点认为是出于政治考虑，这样便于克洛维的统治，也可以让克洛维赢得罗马和高卢人的支持。

虽然克洛维是个天主教徒，但他却并未按照天主教徒的要求去规范自己的言行，他依旧我行我素，不允许有威胁他统治的人存在。他对敌人十分残忍，从不手下留情，即使那个人与他是亲戚关系，他也丝毫没有怜悯之心。这点与君士坦丁颇为相似，君士坦丁在信奉了基督教后，也没有变得仁慈，处理敌人的手段非常残酷无情。

克洛维死后，他的传奇故事开始流传开来。在这些故事中，他以一个伟大的圣徒形象出现，不再是个滥杀无辜的暴君。对于法国人而言，克洛维是个十分重要的人物。法国前总统夏尔·戴高乐曾这样盛赞克洛维：“克洛维创造了法兰克，是法兰克部族所拥戴的国王。”

# 用上帝做靠山——查理曼

查理·马特是查理曼大帝的祖父，有铁锤查理之称，在墨洛温王朝掌握大权，法兰克军队在查理的带领下，到处征战，阻止入侵者的进攻。墨洛温王朝的国王去世后，查理就成了法兰克的统治者，只是没有国王的名分。

查理去世后，他的两个儿子丕平三世和卡洛曼成了法兰克王国的继承者。但法兰克的贵族却不服气，动乱开始了。丕平三世为了转移叛乱者的注意力，就找到了墨洛温王朝的后裔，让希得利三世成为法兰克有名无实的国王。

丕平三世有"矮子"的绰号，但身高并未限制他的野心，他在取得了教皇的支持后，便把希得利三世送到修道院，自己成了法兰克国王，从此开创了加洛林王朝。丕平三世去世后，他的两个儿子便成了法兰克王国的继承人，其中长子便是后来的查理曼，此时他的名字还只是查理，这个"曼"在当时的拉丁语里具有"皇帝"的意思。查理在弟弟死后，就成了法兰克唯一的统治者。

查理是个身强体壮之人，野心勃勃的他自然会选择远征来扩大自己的统治范围，西班牙就成了查理的第一个目标。查理占领了西班牙的部分地区后，便在这里成立了边疆省。六年后，查理的军队翻过了比利牛斯山脉，占领了巴塞罗那，西班牙的中北部全部被查理所控制。

西班牙没有什么财富可供查理抢夺，为了解决军费的问题，查理只好选择继续远征。查理在士兵中的口碑不错，对于那些肯为他卖命的士兵，查理都会给他们以丰厚的报酬作为奖励。

这时，匈牙利的游牧民族成了查理的目标，那里有许多财富正等待着查理的到来。这场战争一共持续了八年，查理虽然损失了不少士兵，但却得到了巨额的财富，这些金银珠宝都被运送到法兰克。

有了财富的支撑，查理的军队在欧洲更是天下无敌。在查理的戎马一生中，与萨克森人的战争耗时最长，一共耗费了 33 年，查理才打败了萨克森人。

查理在欧洲建立了一个庞大的帝国，除了法兰克外，瑞士、荷兰、比利时、奥地利全境以及德国和意大利的大部分地区都在查理的统治下。

公元 795 年，利奥三世成了罗马的教皇。但利奥三世却因为与贵族产生了矛盾，而被囚禁起来。身在修道院的利奥三世受尽了折磨，他成功逃脱后，便跑到了法兰克，他想办法和查理见面，希望查理能帮助他恢复在罗马的权力。

公元 800 年，查理率兵进入意大利，帮助利奥三世镇压了叛乱。查理的出现，让罗马人很不满，他们觉得查理是在多管闲事，同时也觉得查理就是利奥三世招来的。利奥三世被罗马人抓住，就在差点儿被挖去双眼之时，查理的部下出现了，利奥三世又欠了查理一份人情。

12 月 25 日，查理出现在罗马圣彼得大教堂。正在查理做礼拜的时候，利奥三世突然出现了，他手上捧着一顶皇冠。利奥三世把皇冠戴在查理的头上，并宣布上帝任命查理为罗马皇帝，会给所有人带来和平与繁荣。从此以后，查理就从国王变成了皇帝，他从此便被称为查理曼。

对于这次意外的加冕仪式，许多人都觉得是查理曼刻意安排的。查理曼很可能知道这个计划，但却不知道会在圣诞节这一天实施。对于查理曼来说，如果加冕仪式真的按照他的计划进行，一定不会这么仓促，这样无法显示他的威严。

有了上帝的支持，查理曼在插手他国的政务时，就显得名正言顺了。不过，查理曼并不觉得满足，他想要统一欧洲，但东罗马帝国却是最大的阻碍。

加冕仪式举行没几天，查理曼便给东罗马帝国的女皇依伦娜写了一封信。依伦娜早就听说了查理曼的威名，她想嫁给查理曼。查理曼也想娶依伦娜，等东罗马的女王成为他的王后后，他就能顺理成章地统一欧洲。依伦娜的决定没有得到大臣们的支持，他们不愿意让东罗马变成法兰克的附庸，就决定放逐依伦娜。

查理曼的加冕仪式在欧洲中世纪时期产生了深远的影响。查理曼有上帝做靠山，利用基督教加强了对法兰克的统治，也更有理由处理那些反对派。而对于教皇来说，他们的权力得到了进一步的扩大，甚至可以与皇帝和国王叫板。

查理曼的业余生活过得十分幸福，他在处理完政务后，很喜欢与孩子们待在一起。查理曼十分疼爱女儿们，并希望她们不要嫁人，永远留在身边陪他。这些公主虽然没有合法的丈夫，但却有许多情夫，留下了大量私生子。查理曼并没有为此而感到羞耻，他不在乎这些，他也有不少情人和私生子。

年事已高的查理曼虽然不再外出征战，但却很喜欢外出打猎。在公元 814 年的冬天，查理曼不顾天气寒冷，执意外出打猎。回来后，查理曼因感染风寒而病重，从那以后，查理曼便卧床养病直到去世，享年 72 岁。

查理曼在世时，就已经开始考虑继承人的问题，他觉得庞大帝国的维持，必须防止外族入侵和内部动乱，他把国土分给了三个儿子丕平、路易和查理。但在查理曼还没去世时，丕平和查理就过世了，查理曼便只剩下路易这一个儿子。查理曼为路易举行了一场隆重的加冕典礼，路易成了皇帝。

路易显然不如他的父亲查理曼大帝，公元 843 年，查理曼的三个孙子瓜分了法兰克。东法兰克王国成了德意志的前身，西法兰克发展成了法兰西，两国之间的地区则成了意大利。

## 统一日耳曼——奥托

从法兰克分离出来的德意志王国，在 10 世纪时，分割成一个个公国，其中就属萨克森公国最大。公元 919 年，有“捕鸟者”之称的萨克森公爵亨利一世（据说，亨利一世在得知自己当选公爵时正在捕鸟）成了德意志的国王。

亨利一世一生中最大的贡献便是抵御马扎尔人的入侵，他建立了一支强大的军队与马扎尔人对抗。在经历了失败后，马扎尔人决定和亨利一世和谈。亨利一世利用暂时休战的机会，不断壮大自己的军队。等马扎尔人再次来袭时，亨利一世的军队已经变得更加强大，马扎尔人不再是他的对手。

公元 936 年，亨利一世去世，他的儿子奥托成了德意志的新国王。上台后的奥托首先要面对的就是镇压叛乱，他的兄弟们也都是野心勃勃之辈，根本不甘心王位落到奥托的手中。奥托的手段十分强硬，通过镇压叛乱坐稳了王位。

这时，奥托才发现亨利一世给他留下了一份丰厚的遗产，即财富和殖民地。这两样东西不仅可以帮助奥托收买军心，还能让奥托完成父亲开疆拓土的遗志。在奥托的王国中，有一处银矿，这是奥托的小金库，他的大部分财富都来自这个银矿。为了让将士忠于自己，奥托便把殖民地分给了自己的部将，但他依旧是殖民地的最高统治者。为了更好地统治殖民地，奥托采用了宣传基督教的方式，让殖民地上所生活的居民全部信仰基督教。

马扎尔人始终是奥托的一块心病，在一场战役中，奥托来了一个突然袭击，打得马扎尔人措手不及，最后马扎尔人臣服于奥托。从那以后，马扎尔人就成了德意志的一部分，也开始信仰基督教。

统一了日耳曼部落的奥托开始想当皇帝，他率兵进入意大利境内，帮助罗马教皇约翰十二世摆脱了意大利城市贵族的控制。约翰十二世为了感谢奥托的帮助，便决定在罗马圣彼得大教堂为奥托举行加冕仪式，让奥托成为罗马皇帝。

11 天后，奥托与约翰十二世签订了一份协定。按照协定，奥托会保护教皇，但教皇必须对皇帝忠心耿耿。此外，奥托还可以规定教皇的人选。这是一份奥托控制教皇的协定。虽然基督教帮助奥托统治德意志并让他成了皇帝，但奥托绝不允许教皇的权力高过自己，在奥托的干涉下，教皇必须按照奥托的要求，罢免教堂里的教士。

在奥托的统治下，德意志渐渐变得强大起来，虽然无法消灭拜占庭帝国，但也得到了拜占庭的认可。奥托在和拜占庭讲和后，便让儿子娶了拜占庭的公主为妻，这在历史上被认为是德意志和拜占庭在文化上的结合。

奥托一世去世后，他的儿子一心想实现父亲的遗志，入侵意大利，但却失败了，并死在了罗马。奥托三世也没有摆脱命丧罗马的宿命，也是在入侵意大利时命丧黄泉。

## 用生命在较量——教皇与国王的冲突

奥托三世去世后，他没有儿子继承王位，他的堂兄亨利二世就成了德意志新的国王。在德意志国王征服意大利期间，教皇主要依赖于国王，只有得到了国王的支持，教皇才能行使自己的权力。这也意味着，国王具有罢免教皇的权力。由于教会内部腐败不堪，引起了人们的反对，一场改革运动就此开始。这场教会改革得到了教皇格利高里七世的支持。

格利高里七世从小就进入修道院内接受基督教的教育，在成为修士后，成为教皇格利高里六世的随从。在格利高里六世担任教皇期间，教皇与国王之间的关系已经变成了一种交易，教皇让国王的统治合法化，而国王则赐予教皇一部分权力。格利高里六世去世后不久，德意志国王亨利三世也去世了，只留下了年幼的亨利四世。在亨利四世执掌大权的过程中，教皇开始掌握了大量权力，到了亚历山大二世担任教皇时，他已经具有罢免议员的权力。

格利高里七世支持教会改革的举措引起了许多教士和神父的

不满，他们无法像以前一样贪污受贿。教士和神父便向亨利四世寻求帮助，希望亨利四世能罢免格利高里七世的教皇身份。但格利高里七世却站出来说，亨利四世之前支持他实施改革，并开除了背叛自己的亨利四世的教籍。

【开除教籍】

开除教籍是基督教教会所实施的最严厉的惩罚，被开除教籍的人会被驱逐出基督教的世界，同时也意味着他不会得到上帝的救赎。

格利高里七世虽然没要亨利四世的命，但却让亨利四世陷入绝境之中。没有了教籍，亨利四世的王位也将保不住，他的臣民不再需要对他忠诚，对于德意志的贵族来说，亨利四世就不再是合法的国王了。

亨利四世如果想保住王位，就必须恢复教籍，这需要他去意大利教皇那里请求赦免。但想要到意大利对于亨利四世来说，却困难重重，他没有任何人的帮助，还需要翻过阿尔卑斯山。最后，亨利四世步行来到了意大利教皇的面前，用了四天时间赢得教皇的谅解，得到了赦免令。

这时，亨利四世正面临着国内的叛乱，他的姐夫鲁道夫在贵族的拥护下，成了德意志的国王。亨利四世率军与鲁道夫争夺王位，最后赢得了胜利。亨利四世便给格利高里七世送信，要他承认自己国王地位的合法化，还让格利高里七世开除鲁道夫的教籍。格利高里七世却选择支持鲁道夫，便再次开除了亨利四世的教籍。

亨利四世已不是之前那个手无寸铁的国王了，他决定用实力说话。在鲁道夫战死沙场后，亨利四世迅速镇压了贵族的叛乱。亨利四世解决完内乱所做的第一件事便是罢免教皇格利高里七世，任命新的教皇。格利高里七世则逃到了意大利，并在流亡中去世。

虽然亨利四世无法与查理曼、奥托一世这样的大帝相提并论，但他与格利高里七世的权力争夺却总为人们津津乐道。

## 癫痫国王——阿尔弗雷德

公元 871 年，阿尔弗雷德成了英格兰的国王，当时的英格兰正处于盎格鲁－撒克逊人的统治时期。其实阿尔弗雷德并不是第一继承人，他有三个哥哥。在哥哥埃塞尔巴德和埃塞尔伯特统治时期，阿尔弗雷德并未参与政事。在三哥埃塞尔烈德继承王位时，阿尔弗雷德才开始崭露头角，是英格兰的二把手。在埃塞尔烈德去世后，阿尔弗雷德作为王位继承人，成了英格兰的国王。

**【盎格鲁－撒克逊】**

盎格鲁－撒克逊是两个民族的统称，他们生活在大不列颠东部和南部地区，虽然他们是两个民族，但却在语言和种族上十分相近。

阿尔弗雷德成为国王后的第一件事就是抗击入侵者。在埃塞尔烈德担任国王期间，他就曾随同兄长一起上阵杀敌。在国王的带领下，英格兰的军队奋勇杀敌，但依旧没能阻挡住丹麦人的进攻，而埃塞尔烈德本人也在战场上受伤，最终不治身亡。虽然埃塞尔烈德留下了两个儿子，但却因太过年幼，阿尔弗雷德反而成了最合适的王位继承人。

在埃塞尔烈德的葬礼上，阿尔弗雷德接到了前线战报，英格兰的守军没有成功阻止丹麦人的入侵。阿尔弗雷德立刻赶往前线，但依旧没能战胜丹麦人。这场战役的失败，让英格兰的士兵包括国王在内，都心灰意冷。阿尔弗雷德派人给丹麦人送信，希望双方能进行和谈。

以战败者的身份进行和谈，英格兰自然讨不到好处。丹麦人虽然答应了和谈，但却索要了许多金钱和大片的土地，还有人质。这场和谈所带来的和平是短暂的，丹麦人杀掉英格兰的人质后，再次挑起战争。

这场战役中，丹麦人的后方补给因为暴风雨而中断，丹麦军队不得不撤退。不久之后，丹麦再次袭击英格兰，当时阿尔弗雷德正在一座城堡中度假。阿尔弗雷德得知丹麦人进攻的消息后，立刻带着一支队伍从隐蔽的小道逃走。

阿尔弗雷德与德文郡的军队会合，在这里丹麦的军队遭到重创，丹麦军队的统帅死在了这场战役中，就连战旗也被缴获。对于丹麦人来说，绣着乌鸦的战旗丨分重要，是他们的军魂所在。

公元878年的春天，一场转折性的胜利让阿尔弗雷德把英格兰从屈辱中解救出来。失败的丹麦人同意撤退，并承诺会遵守和平协定。在这场和谈中，丹麦的首领答应接受基督教的洗礼，还让阿尔弗雷德成为他的教父。

对于那些不服从和约的丹麦人，阿尔弗雷德选择了战斗。阿尔弗雷德把伦敦这座重要的城市从丹麦人的手中抢了回来，那些被丹麦人压迫的人纷纷拥戴他为国王。丹麦人眼见大势已去，便选择了撤退，回去重整军队。

阿尔弗雷德知道丹麦人不会就此罢休，就开始重组陆军，还建立了海军。此外，阿尔弗雷德还十分注重拉拢同盟，他把女儿艾塞尔弗列德嫁给北部的麦西亚国王，和麦西亚结成盟军。这样一来，丹麦人再也没有可能入侵英格兰了。

除了军事制度外，阿尔弗雷德还展开了一系列的改革，他所改革的法律制度，为贫苦的人们提供了保障。阿尔弗雷德还十分注重教育和文化，他从法兰西请来了一些学者，让他们教导英格兰人。阿尔弗雷德自己也十分注重学习，虽然无法集中精力阅读，但却坚持找人读书给他听。

公元901年，阿尔弗雷德去世，享年53岁。据说，阿尔弗雷德的晚年过得十分痛苦，他被疾病和疼痛缠身，脾气也十分暴躁。在英国人的心中，阿尔弗雷德的地位十分重要，是唯一一个可以称为大帝的国王。在一些画像和雕塑中，阿尔弗雷德被塑造成了一个身材魁梧之人，但实际上他却饱受疾病的折磨，他患有癫痫，曾在婚宴上发作过。

## 野心与肥胖齐飞——威廉

作为征服者的英格兰国王威廉的死状显得十分没有尊严。由于工匠所制作的棺材太小，与威廉肥胖的身躯不符。在入棺时，为了能盖好棺材盖，人们便把威廉的尸体蜷曲了一下，但没想到，威廉那肥大的肚子突然裂开了。顷刻间，腐烂的臭味在房间里散播开来，就算香炉里放着大量的香料，也难以抵消这股恶臭。那些参加威廉葬礼的教士，匆匆离开现场。

威廉肥胖的身材给他带来了许多不便，他上马征战时，总会显得非常艰难，就连法兰西的国王菲利普一世都嘲笑他，说英王威廉时刻准备待产。除了与日俱增的体重外，威廉的野心也在不断膨胀。

威廉虽然是个私生子，但却被父亲诺曼底公爵罗贝尔一世指定为继承人，据说他是罗贝尔一世唯一的儿子。出身不光彩的威廉受到了许多非议，有不少亲属认为他们比威廉更有资格作为继承人，有的人甚至安排刺客刺杀威廉。

威廉 7 岁时，成了诺曼底公爵。由于威廉尚且年幼，必须有监护人。那些反对威廉的人，刺杀了威廉的三位监护人。不论威廉怎么不受欢迎，但却得到了法王的认可，并在 15 岁时被封为骑士。

### 【骑士】

在欧洲中世纪时期，骑士属于一种社会阶层，是国王和贵族所培养出来的用于战争的骑兵。骑士虽然可以获得封地，但却不是继承来的，而且必须在领主的军队中服役。

1047年，威廉率军镇压叛乱的贵族。由于有法王的支持，再加上罗马天主教会发出的“神圣休战”的号令，威廉赢得了战争，巩固了自己的统治权。

24岁时，威廉失去了法王的支持。威廉和玛蒂尔达结婚了，这是一场贵族联姻，让威廉的权力进一步扩大。尽管是场政治联姻，但威廉却十分忠诚于这段婚姻，他与玛蒂尔达一共生育了四个儿子和六个女儿。威廉的强大招致了法王的忌讳，法王想重新控制诺曼底，但却失败了。几年后，法王去世了，威廉的权力进一步扩大，他的野心也开始膨胀，他开始不满足于诺曼底公爵这个称号，他想要成为英格兰国王，因为英王爱德华刚刚过世，而且没有子嗣。

除了威廉外，哈罗德·葛温森和哈罗德·哈德拉德也都垂涎于英王之位。威廉竞选的理由有两个。一个是血统，爱德华的母亲艾玛是威廉的姨祖母。另一个则是爱德华生前的许诺，威廉曾在1052年到伦敦拜访过爱德华，当时爱德华曾告诉他，自己死后，希望威廉能成为新任英王。

1066年，哈罗德·葛温森在这场竞争中胜出，加冕为英格兰国王。因为哈罗德·葛温森不仅有爱德华的遗嘱，还有国会投票的支持。

对于这个结果，威廉十分不满，他决定征服英格兰，他要当英格兰的国王。但在发动战争之前，威廉还得争取教会的支持。在教皇亚历山大二世的支持下，威廉召集了一支军队。

但威廉却被一场大风绊住了，这场大风持续了八个月，不利于航行。威廉只好推迟出征的时间，并且设法把军队集结在一起。

在英格兰，英王哈罗德解散了军队，因为不仅粮食供给不足，而且收获的季节也到了，士兵们得做回农民去收割庄稼。这样一来，英吉利海峡就成了无人把守的大门。

在威廉还没动手前，另一位英王王位争夺者哈罗德·哈德拉德带着军队来打英王，英王哈罗德立刻召集军队，最终击败了哈罗德·哈德拉德。

恶劣的大风天气终于结束了，威廉立刻让士兵登船开往英国。但途中却遭遇了一场暴风雨，威廉的舰队只好暂时找地方躲避暴风雨。十几天后，威廉的舰队再次起航。最终，胜利者威廉成了英格兰的国王。

英格兰的盎格鲁－撒克逊人对于威廉十分不满，威廉镇压了叛乱，并派出一些男爵，让他们在各地镇守，还在英格兰修建了许多坚固的城堡。

作为一个在法兰西长大的人，威廉成为英格兰国王后，便把法兰西的语言和生活习惯引入了英格兰，对英国产生了不小的影响。此外，威廉还改变了英格兰的社会模式，让英格兰变成了一个封建制国家。

作为一个征服者，威廉无法忍受教皇和教士凌驾于自己头上。他下令，凡是教皇的命令和信件都必须得到国王的同意，否则无效。

晚年，威廉与妻子玛蒂尔达的关系开始恶化，两人总是发生争吵。威廉的长子罗贝尔二世提出要统治诺曼底的要求，威廉不同意，他便发动了叛乱。威廉在平定这场叛乱时，不小心从马上摔下，受了重伤。最终，威廉因伤重不治身亡，死前只有三子陪在他的身旁。

# 帽子上的金雀花——亨利二世

威廉死后，他最小的儿子亨利成了英格兰国王。亨利死后，他的次女玛蒂尔达成了合法继承人，但她并未成为女王，威廉的外孙斯蒂芬在贵族的拥护下，成了新任国王。没有成为女王的玛蒂尔达嫁给了法国的一个公爵，并生下了亨利二世，也就是开创金雀花王朝的国王。“金雀花”是亨利二世父亲的绰号，他总是在帽子上插上金雀花。

斯蒂芬的国王并没有做多久，就被亨利二世强迫让位。亨利二世虽然成了英格兰的国王，但骨子里却是个法国人，他从小在法国长大，接受法国的教育，还操着法国的口音。

说起亨利二世的金雀花王朝，就不得不提到一个人，这个人便是亨利二世的首席大臣托马斯·贝克特。贝克特是个土生土长的伦敦人，虽然出身平民，但却十分擅于经商，最终成了亨利二世的首席大臣。

亨利二世与贝克特的关系因为教廷而破裂。亨利二世在成为国王后不久，英国宗教界就发生了一件大事，大主教坎特伯雷去世了。亨利二世马上任命贝克特为主教。贝克特还没熟悉教廷事务时，就接到了亨利二世索要税款的要求。贝克特十分生气，不仅没给钱，还把国王骂了一顿。

亨利二世在成为国王后，进行了一系列改革，企图把大部分权力都收拢到自己手中。他把贝克特安排在主教的位置上，就是希望贝克特能配合自己，把教廷的一部分权力都收归自己手中。但让亨利二世没想到的是，贝克特居然拒绝了。贝克特毕竟在英格兰长大，深受君权神授思想的影响，自然不肯承认国王会比教会的权力更大。

贝克特的此举把国王彻底惹火了，亨利二世下令抓捕贝克特，并把他送到法庭上接受审判。在开庭审理时，国王与主教破口大骂起来。法官及时制止了这场吵骂，判贝克特死刑。

在执行死刑时，贝克特抢了一匹马，并成功从刑场上逃走，他逃到了巴黎，并在那里建立了一个教会。这个教会是专门与亨利二世作对的，亨利二世虽然派兵围剿，但却从未成功过。

最后，亨利二世只好选择招安，让贝克特回到英格兰，并且赦免了贝克特及其追随者的罪行。但贝克特却并不领情，驱逐了亨利二世的使者。亨利二世被贝克特这种不识抬举的做法激怒了，他派出骑士暗杀了贝克特。

贝克特的死在教士中引起了轩然大波。据说，在贝克特死后，教士们在他的贴身衣物上发现了许多虱子，这说明贝克特是个谨遵禁止洗澡教义的圣徒。很显然，亨利二世得为贝克特的死负责。最终，亨利二世被继任主教抽了一顿鞭子了事。

结果，亨利二世身为国王的威信被鞭子抽没了，反而抽出了许多叛乱者，其中最先造反的便是亨利二世的第三个儿子理查。

亨利二世一共有四个儿子，大儿子和二儿子死后，亨利二世便想把四儿子约翰培养成继承人，这让野心勃勃的理查十分不满，理查便趁此机会站出来反对亨利二世。后来，就连约翰也站在了理查一边。悲痛不已的亨利二世死在法国。

# 争抢天堂门票——十字军东征

自从基督教成为罗马的国教以后，耶路撒冷就成了所有基督徒心目中的圣地。在罗马帝国分裂后，耶路撒冷成了拜占庭帝国的地盘。7世纪，阿拉伯半岛兴起了一个新的宗教伊斯兰教，并渐渐发展壮大，伊斯兰教也把耶路撒冷看成了圣地。公元638年，穆斯林从拜占庭帝国手中抢走了耶路撒冷。

但穆斯林并未停止征服的步伐，越来越多的土地被穆斯林所占领。拜占庭帝国上下包括许多贵族在内，都希望能从穆斯林的手中收复失地，尤其是耶路撒冷。在之后的几百年内，拜占庭帝国只要有能力，就和穆斯林开战，双方均有胜有败。

1095年，教皇乌尔班二世接到了拜占庭皇帝亚历克休斯的求助。乌尔班二世随即召开了一场宗教大会，企图号召所有的基督徒共同对抗穆斯林，并且承诺，凡是参与抗击穆斯林的士兵，都会在死后升入天堂。除了天堂的诱惑外，还有战利品的诱惑。

1096年，第一支集结的队伍便出现在了君士坦丁堡。随后，不断有军队在君士坦丁堡集结。这些士兵虽然都是欧洲大领主召集的，但他们却是没落的骑士和农民，希望能在战场上获得战利品，改变自己生活的现状。由于所有士兵都佩戴着十字架，因此也被称为十字军。

这次的十字军东征以基督徒的胜利而告终，虽然拜占庭皇帝亚历克休斯对这支鱼龙混杂的队伍并不抱胜利的希望，但却在十字军的帮助下，收复了不少失地，包括耶路撒冷在内。

1147年，第二次十字军东征开始了。这次，战争的发起者少了教皇的参与，主要是法国国王路易七世和“神圣罗马帝国”皇帝、德意志国王康拉德三世发起的。这次战争，以十字军的惨败而告终，十字军几乎全军覆没。

1189年，“神圣罗马帝国”皇帝红胡子腓特烈一世、法国国王奥古斯都腓力二世和英格兰国王理查一世商量着发动了第三次十字军东征。这次的十字军被分成了三支队伍，分别由三位国王率领着。由于三位国王各怀鬼胎，都想在战争中保存实力的同时获得最大的利益，矛盾重重的十字军并没有在这次远征中讨到好处，耶路撒冷依旧在穆斯林的手中。

腓特烈不仅军队损失惨重，就连他本人也意外溺死。腓力二世在占领了阿克拉港后，留下了部分士兵驻守此港口，便率兵回到了法国。理查在占领了塞浦路斯后，便把这块地卖给了一个国王。理查还跟埃及苏丹萨拉丁签订了和约，按照和约规定，双方得休战三年。

这三次十字军东征并没有给欧洲大部分国家带来实质性的利益，但却拖垮了拜占庭帝国，并让拜占庭与欧洲诸国的关系变得恶化起来。到了第四次十字军东征时，拜占庭的首都君士坦丁堡被十字军洗劫一空。

1202年，第四次十字军东征开始，这次的发动者是教皇英诺森三世。这次东征的最大受益者是威尼斯，威尼斯的贵族将领利用拜占庭的内部矛盾去攻打君士坦丁堡，最终占领了拜占庭帝国八分之三的领土。

1213年，教皇英诺森三世再次发动十字军东征，但却没有得到欧洲国王和贵族的支持。不过英诺森三世还是利用教士，招来了一些信徒和破产的骑士。出征前，英诺森三世宣布了这场战争的目的，打败埃及的穆斯林王朝，并重新夺回圣地耶路撒冷。1221年，这场十字军东征以基督徒的失败而告终。

1228年，第六次十字军东征在“神圣罗马帝国”皇帝腓特烈二世的率领下开始。腓特烈二世成功占领耶路撒冷，并在那里举行了加冕仪式。1244年，耶路撒冷再次落入穆斯林手中。

1248年，第七次十字军东征在法国国王路易九世的率领下开始。在这次东征中，十字军遭遇了十分严重的瘟疫。瘟疫让十字军折损了不少士兵，最终十字军被打败，路易九世成了俘虏，他的弟弟阿图瓦伯爵则成了刀下鬼。1250年，法国开始用金钱贿赂敌军，希望能放回路易九世。四年后，路易九世及其士兵回到了法国。

第八次十字军东征依旧是路易九世发动的，这一次他不幸染病并死在了途中。路易九世的继承者腓力三世成为国王后，下达的第一个命令便是撤军。据说，路易九世临死前的最后一句话便是：“耶路撒冷。”这是一次可以预见的失败，路易九世在出征前已经年老，而且他并没有得到法国贵族的支持。可以说，第八次十字军东征是路易九世的一意孤行。

在十字军东征期间，乌尔班二世发明了赎罪券。这种赎罪券就相当于通往天堂的门票，是十字军的精神支柱。

## 【赎罪券】

赎罪券又名“赦罪符”，在拉丁文中的意思是“仁慈”

或“宽免”，是教廷赦免忏悔教徒罪行的官方文件。最初，赎罪券在基督徒的心中颇有权威性。但到了教皇利奥十世的手中，赎罪券便成了一个笑话，成了教皇换钱的工具。

基督教的信仰，在十字军东征中起到了十分重要的作用。除了赎罪券外，不少士兵都觉得，如果自己死在了战场上，那么就是为上帝而死，死后一定会升入天堂。在这样的信仰下，战场反而成了他们通往天堂的必经之路。

## 被掏空的国家——英法百年战争

在中世纪时期，英国与法国虽然是两个独立的国家，但却有着扯不断、理还乱的关系。英国著名的统治者之一威廉被称为“征服者”，他是法国诺曼底公国的公爵，在占领英国后，便开始统治英格兰和诺曼底。对于英国人来说，威廉就是一个外国人，就连威廉也认为自己是法国人。

英国金雀花王朝的创立者亨利二世，最初是法国的贵族，后来借助母亲的血缘关系成功继承英国王位。亨利二世虽然统治着英国，但却自认为是法国人。亨利二世的出现让英法之间的关系开始变得混乱起来。

虽然威廉也自认为是法国人，但他的身份却没有亨利二世那么尴尬。威廉来自诺曼底公国，而亨利二世却是实打实的法国贵族。亨利二世成为英国国王后，并不愿放弃自己法国贵族的身份，他一边享受着国王的威风，一边享受着法国贵族的利益，要知道亨利二世在法国的土地要远比英国富庶。

**【诺曼底公国】**

> 诺曼底公国建立于法国加洛林王朝查理三世统治期间，其统治者便是北欧的诺曼人，经常骚扰法国海岸。后来，查理三世允许其在法国诺曼底定居，于是诺曼底公国便形成了。

亨利二世的如意算盘被法王路易七世识破，路易七世派人告诉亨利二世，想要保住英王之位和在法国的领土，就必须向法王称臣。亨利二世接受了路易七世的要求，承认自己是法王的臣子。但没过多久，路易七世就发现亨利二世是个阳奉阴违的人，表面上承认法王是英国的统治者，但却根本不理会法王的命令，只享受着身为法国贵族的权利，却从不履行义务。这样一来，两个国家的关系开始变得紧张起来。在法王看来，英王就是他最大的威胁。

从亨利二世开始，所有的英王都具有双重身份，既是英王，也是法国的贵族。每当法王去世且没有留下合法的继承者时，英王就会蹚浑水，会参与到法王王位的争夺赛中。

1328 年，法王查理四世去世，没有留下子嗣。这下，法国就出现了权力真空。英王爱德华三世立刻跳出来争夺王位，声称自己是先王的外甥。除了王位争夺战外，英国和法国之间还因为领土出现了冲突。

法国境内的佛兰德和阿基坦地区与英国有着密切的羊毛生产联系，爱德华三世为了争夺法王王位的继承权，便切断了羊毛原料供给。该地区为了确保羊毛生意的顺利进行，便公开承认爱德华三世为法王，并接受爱德华三世的统治。

腓力六世在成为法王后，爱德华三世立刻对法国宣战。这场英法之间的战争断断续续一共打了上百年，被历史学家们称为“英法百年战争”。

英法开战后不久，欧洲的其他势力立刻表明了各自的立场。其中神圣罗马帝国的诸侯和佛兰德站在了英国一方，而苏格兰和罗马的教皇则选择支持法国。

虽然英法百年战争一共持续了百年之久，但战争并不是时刻发生的，有时也会停战十几年。在大大小小的战役中，以普瓦提埃之战和阿金库尔战役最为著名。

普瓦提埃之战以法国的失败而告终，英王借机肆意敲诈法国，不仅让法国割让了大片的领土，还索要了大量的赎金，因为当时法国的国王和许多大臣都被俘虏了。最后，英王大方地表示他愿意放弃争夺法王王位的继承权。

在阿金库尔战役中，法军本来有取得胜利的希望，他们在包围了弹尽粮绝的英军后，英王亨利五世提出了和解，结果遭到了拒绝，被逼上绝路的英军最后在敌人的重重包围中撕开了一个缺口，并反败为胜。

阿金库尔战役的失败对法国来说，意味着已经彻底丧失了战争主动权。法王签署了《特鲁瓦条约》，亨利五世成了法国的摄政王。此时，英法战争对于法国人来说，发生了性质的转变，这场战争已经演变成法国人抗击外国侵略者的解放战争。

从奥尔良战役开始，法国逐渐扭转失败的局面，在抗击英军中节节胜利，并取得了百年战争的最终胜利。在奥尔良战役中，出现了一位女性英雄，她便是贞德。贞德女扮男装向王子查理（后来的查理七世）请求参军，查理任命她为战争总指挥。在之后的一场战役中，贞德被人出卖，成了英军的俘虏，最后被活活烧死，年仅 20 岁。

虽然法国取得了百年战争的胜利，夺回了被英国占领的土地，恢复了统一，但不论是法国还是英国，都在战争中损失了大量的士兵和财产，两个国家都被这场持续了百年的战争给掏空了。

## 帝国的终结——拜占庭的覆灭

1453 年 5 月 29 日拂晓，拜占庭帝国的首都君士坦丁堡被奥斯曼土耳其帝国的士兵占领。拜占庭的皇帝君士坦丁十一世趁着混乱化装逃了出去，但却被奥斯曼的士兵杀死。至此，延续了一千多年的拜占庭帝国彻底灭亡。

奥斯曼土耳其帝国是个信奉伊斯兰教的国家，它的创建者是奥斯曼。奥斯曼是一支游牧民族的首领，这支游牧民族来源于中亚的突厥，在 11 世纪末期便开始在安纳托利亚半岛一带活动。

奥斯曼成为首领后，率领军队不断吞并周边的土地，那个时候拜占庭就饱受奥斯曼的骚扰。真正让奥斯曼土耳其帝国强大起来的苏丹（国王）是穆罕默德二世。穆罕默德二世的父亲穆拉德二世很注重教育，从穆罕默德二世出生起就开始把他当作继承人培养。其实在穆罕默德二世出生前，穆拉德二世已经有两个儿子了，但那两个儿子的健康状况令人担忧。

在穆罕默德二世 12 岁时，穆拉德二世便把王位传给了儿子，从那以后，穆罕默德二世便挑起了国王的重担，穆拉德二世也准备过逍遥自在的日子。

几个月后，穆拉德二世便在儿子的请求下，重新率军抗击十字军。当时，罗马教皇所组织的十字军直接威胁到了奥斯曼土耳其帝国。穆罕默德二世只好请父亲出山解围。在穆拉德二世的率领下，奥斯曼的军队不仅击退了十字军的进攻，还杀死了匈牙利的国王。

战争胜利后，穆拉德二世便再次把大权交给了儿子。但一部分禁卫军不同意，公开反对穆罕默德二世，支持穆拉德二世担任国王。此时，穆罕默德二世也意识到自己还不具备当国王的能力，便更加努力学习。

在穆拉德二世逝世后，穆罕默德二世便成了无可争议的国王。

扫清国内的敌对势力后，穆罕默德二世便把目光投向了国外，他看到了一块肥肉，即拜占庭帝国。其实，穆罕默德二世的祖父辈早就看上了拜占庭帝国，曾屡次进犯，但都没成功。虽然此时的拜占庭帝国已经半死不活，根本无法与生机勃勃、日益强大的奥斯曼土耳其帝国相提并论，但拜占庭帝国首都却占据着有利的地势，是一处易守难攻之地。

从 1451 年开始，穆罕默德二世便开始着手准备进攻拜占庭。1453 年 4 月，穆罕默德二世率军包围了君士坦丁堡。穆罕默德二世的战术十分简单粗暴，直接用大炮轰炸君士坦丁堡，但无奈城墙坚固。穆罕默德二世只好采用挖地道的方式，却被城内的人们发现，直接炸毁了地道。

但最终，君士坦丁堡还是沦陷了。

穆罕默德二世占领君士坦丁堡后，便决定迁都于此，并改名为伊斯坦布尔。穆罕默德二世在宗教文化上采取了较为宽容的政策，允许清真寺与教堂并存。穆罕默德二世除了下令在伊斯坦布尔修建清真寺外，还修建了学校和图书馆。

对伊斯坦布尔这座城市来说，穆罕默德二世是征服者，同时也是保护者。有了穆罕默德二世的开明政策，拜占庭帝国所创建的文化遗产才得到保护。在奥斯曼土耳其帝国的历史上，穆罕默德二世是一位伟大的苏丹。

## 雄视欧亚的双头鹰——伊凡三世

君士坦丁十一世在被土耳其的士兵杀死后，他的两个弟弟便开始想办法保命。其中一个选择了向穆罕默德二世臣服，另一个则带着儿子和女儿索菲亚·帕列奥洛格逃到了罗马，向教皇寻求庇佑。索菲亚长大成人后，便走上了联姻之路，她嫁给了莫斯科大公伊凡三世。

索菲亚嫁给伊凡三世时，身着的嫁衣十分威严，那是拜占庭帝国的象征——双头鹰。从那以后，伊凡三世便公开表明，他是拜占庭帝国的继承者，东正教就成了莫斯科公国的国教。

## 【东正教】

东正教是基督教的三大分支之一，建立在正统派神学与东方礼拜仪式制度的基础之上，是拜占庭帝国和俄罗斯帝国的国教，信众颇多。

莫斯科公国可以说是俄罗斯的前身，到了伊凡三世时期，莫斯科公国已经不再是在夹缝中求生存的小公国，渐渐壮大起来。即使如此，伊凡三世依旧小心翼翼。与历史上许多有作为的大帝不同，伊凡三世是个谨小慎微之人。有人甚至调侃说，伊凡三世是个“吃樱桃都得分两次吃”的人。

伊凡三世是瓦西里的第二个儿子，由于长子夭亡，瓦西里十分重视伊凡。在伊凡5岁时，莫斯科公国发生了一件大事。喀山汗国出兵袭击莫斯科公国，瓦西里只好率兵讨伐侵略者。这次的战斗给瓦西里留下十分严重的伤害，他的左臂被射伤，几个手指头也被砍掉。最要命的是，瓦西里被俘虏了。

接下来，谈判开始了。喀山汗国漫天要价，让莫斯科公国割让土地和赔钱。莫斯科公国签署了这份和约，喀山汗国不仅撤兵，还释放了瓦西里。

瓦西里获得自由后，立刻赶往莫斯科城，但却被扣押了。原来在瓦西里亲征之前，他就把国内事务交给了表哥舍米亚克代为处理。舍米亚克对权力上瘾后，便想取代瓦西里。在瓦西里被释放后，舍米亚克就诬陷瓦西里叛国投敌，还下令刺瞎了瓦西里的双眼。

舍米亚克成为莫斯科大公后，并未好好治理国家。很快，教会和军队便开始反对舍米亚克。在巨大的压力下，舍米亚克请回了瓦西里，并自愿还政于瓦西里，希望瓦西里能宽恕他。瓦西里选择了原谅，再次成为莫斯科大公。

舍米亚克并不甘心，伺机反扑，率军进攻莫斯科城，但却以失败告终，最后中毒身亡。舍米亚克死后，莫斯科公国进入了一个短暂的和平时期。

双目失明的瓦西里在处理政务时，总显得力不从心，伊凡一直帮助父亲处理政务。不久之后，瓦西里就宣布，以后所有的官方文件都必须有瓦西里和伊凡两人的签名。这样一来，不仅锻炼了伊凡的能力，还让伊凡树立了威信。

伊凡成为莫斯科大公后，便踏上了对外扩张之路。在内政方面，伊凡三世也进行了一番改革，让莫斯科公国发展成了一个中央集权的国家。在伊凡三世统治期间，莫斯科公国正在向俄罗斯帝国过渡。

罗马教皇十分看好伊凡三世这股新生力量，并提出了联姻。伊凡三世同意迎娶索菲亚，但前提是，他和索菲亚所生子女，没有继承莫斯科大公的权利。索菲亚同意后，伊凡三世便尽快和她完婚。这桩喜事在欧洲人的眼中是不可思议的，他们纷纷为索菲亚感到不值，毕竟莫斯科公国是块蛮荒之地。

不过伊凡三世很快让欧洲人刮目相看，从那以后，欧洲人也开始重新审视这个正在崛起的新帝国。伊凡三世自称是拜占庭帝国的继承人，使用了双头鹰的标志，意味着俄国是个雄视欧亚的帝国。

# 第四章

# 新时代的到来

走出中世纪的欧洲展现出欣欣向荣的一面：文艺复兴，宗教改革，大航海。但在繁荣的背后，新教与传统的天主教之间的冲突酿成了一次次血腥的宗教战争——胡格诺战争、尼德兰革命以及席卷欧洲的三十年战争。

# 古老文明的重生——文艺复兴

15 世纪末的意大利迎来了文化艺术发展的巅峰，对于艺术家们来说，意大利的佛罗伦萨、威尼斯和米兰就是艺术的天堂。对于艺术的发展，罗马教廷的态度十分开明，鼓励艺术家们进行各种形式的创作。对于新兴的资产阶级来说，他们以能购买到艺术家的作品而感到自豪。不过他们对宗教主题并不感兴趣，相反他们推崇希腊罗马的古典文化，并认为中世纪是一种倒退。

在许多艺术家中，一位年轻的画家拉斐尔十分受欢迎，不论是教皇还是贵族富豪都很喜欢找他画画。拉斐尔最擅长画圣母像，此外他还是个极易相处的人。

拉斐尔在来到佛罗伦萨之前，就开始接受绘画教育了，他的父亲乔万尼是个画家，虽然不怎么出名，但却很早就发现了拉斐尔的绘画天赋。很快，乔万尼便意识到自己没有能力继续担任拉斐尔的绘画老师，就为他找了一位名师——佩鲁吉诺。

1504 年，拉斐尔创作了一幅作品，即《圣母的婚礼》。这幅画意味着拉斐尔已经超越了佩鲁吉诺。渐渐地，拉斐尔的名气便传到了教皇的耳中。拉斐尔因此得到了为教堂藏经楼制作设计图的工作，他的草图受到了达·芬奇和米开朗琪罗的称赞。这在当时是莫大的荣誉，在佛罗伦萨就数达·芬奇和米开朗琪罗的名声最大。

米开朗琪罗的著名作品《大卫》是雕塑，但他同时也是一个著名的画家，绘画作品以男性为主。有时，米开朗琪罗也选择女性进行绘画，但那些女性通常都是成熟的，具有一定的男性气质，不会表现出妩媚之感。

达·芬奇的绘画风格与米开朗琪罗正好相反，他不仅是个全才式的天才，他的人物像总是落脚于体现微妙情感的韵味上，他的作品《蒙娜丽莎》和《最后的晚餐》就是最典型的体现。

在佛罗伦萨，米开朗琪罗和达·芬奇可谓是各有千秋，虽然是同行，但却算不上冤家。对不同风格，人们可以自由选择。但人们总会把两人放在一起对比，不少年轻的画家来到佛罗伦萨的第一件事就是在米开朗琪罗和达·芬奇之间选择一个，并拜师其门下。拉斐尔在初来乍到之时，便对这两位大家分别抛出了橄榄枝。达·芬奇很喜欢拉斐尔这个礼貌英俊的年轻人，便教给他许多绘画技巧。

达·芬奇是个很喜欢享受富贵生活的人，既讲究养生，是个素食主义者，还总穿着华丽的衣服。而米开朗琪罗则过着苦行僧式的日子。

拉斐尔的声名鹊起打破了米开朗琪罗和达·芬奇并立的局面，对于当时的人们来说，他们又多了一种选择，他们更喜欢找拉斐尔画画，就连教皇也不例外。拉斐尔不仅年轻英俊，为人亲和，画画的速度也很快，短时间内就能交给顾客一幅成品。

相比之下，米开朗琪罗就成了一个怪脾气的完美主义者。米开朗琪罗一旦开始创作，就会进入一种不眠不休的状态中，会全身心地投入到创作之中。

至于达·芬奇，他的绘画速度非常缓慢，他的作品基本上都是未完成的半成品。比如《蒙娜丽莎》这幅传世名作，达·芬奇就花了三年的时间进行创作。

文艺复兴虽然是打着复兴希腊罗马文化的旗号，实际上是进行了创新，这个时期的文学和艺术作品都散发着人性的光辉。虽然许多画家的绘画主题依旧是宗教人物，比如拉斐尔所擅长的圣母画像，但这些画像都忽视了宗教主题，而是集中于展现人物的情感。

## 挑战教廷权威——宗教改革

1517 年 10 月 31 日，威登堡大学出现了一份名为《九十五条论纲》的布告，这是神学教授马丁·路德所写。该事件意味着宗教改革的开始。

在中世纪时期，基督教作为欧洲的官方宗教，具有十分重要的作用，教廷和教皇掌握了大量的权力。但随着十字军东征的失败以及黑死病的肆虐，人们开始对基督教产生了怀疑，不再坚信上帝会保佑他们这些信徒。这时，许多人都意识到了宗教改革的必要性。但是，教皇依旧在以赎罪券的名义征收大量的赋税。这样一来，德意志的教徒更加不满。

作为宗教界的领袖人物，路德出身于一个农民家庭。路德的父亲是工业发展的受益者，他在工业发展的浪潮下成了一名矿工，并努力成了一个小矿主，还担任起了城市议会会员。与所有发家致富的人们一样，老路德希望路德能接受最好的教育，他把路德送到了大城市的学校。

路德在家里的生活状况虽然不错，但毕竟没法与大城市的孩子相比。勤工俭学的路德组织了一个唱诗班。路德的唱诗班会在富人吃饭时唱圣诗，在富人们用餐完毕后，路德和小伙伴就可以得到一些食物，运气好的话还能得到额外的收入。

后来，路德便按照父亲的意愿，进入一所大学学习法律。老路德希望儿子能顺利毕业，并获得一份不错的工作。但让老路德没想到的是，路德居然擅自做主，选择到修道院中当修士。

路德的这个决定源于一场暴风雪。路德曾遭遇过一场大风雪，在他濒临死亡时，他开始向上帝祈祷，如果他能免于死亡，就会成为一个修士。死里逃生的路德履行了诺言，真的放弃了学业，到修道院去当修士。

路德在修道院的表现十分优秀，很快便被提升为教父。但路德却并不满意，他觉得自己一直没有得到上帝的怜悯。路德把这种困惑告诉了院长，院长建议他去学习神学。

学习神学的过程对路德产生了巨大影响，他接触到了一种与修道院不同的神学理论，让他对基督教和上帝有了全新的认识，他也越来越反对教廷和教皇对基督教和上帝的把控。在路德看来，基督徒想要获得救赎，只要忠诚于上帝就可以了，没必要通过教廷。路德甚至认为，教廷对《圣经》的解释，完全曲解了上帝的意思。与其听教皇的讲解，倒不如直接阅读《圣经》。

1517 年，教皇利奥十世为了修建大教堂，便用赎罪券搜刮财富。教皇告诉所有的基督徒，想要赎罪就必须购买赎罪券，不然就无法进入天堂。

路德对赎罪券提出了质疑，并揭露赎罪券是教皇用上帝的名义进行的买卖行为，是对上帝的侮辱。次年，路德参加了一个教士会议。在会议上他结识了许多同道中人。路德越发觉得宗教改革的必要，便成立了更正教会，正式提出宗教改革，并因此成功吸引了罗马教廷的注意。

路德很快便被教皇传去问话。按照路德的提议，宗教改革是让信众直接向上帝祈祷和忏悔，那么问题来了，教廷怎么办，让教皇身处何地？教皇命令路德放弃宗教改革，但却遭到了路德的拒绝。

教皇立刻下令把路德驱逐出教会，并公开表示路德是异端分子，到处散播蛊惑人心的邪说。路德的反击策略是煽动民众支持宗教改革。结果，宗教改革的势头越来越大，逐渐扩展到德国的大部分地区。

渐渐地，路德就发现事态的发展超出了他的承受范围，许多农民选择了起义。路德虽然想对基督教进行改革，但却并未想过使用暴力的手段。后来，许多起义的农民被教皇派兵镇压后，路德越发不支持这种暴力的方式。

在德意志出现的宗教改革只是开端，后来宗教改革运动开始在整个欧洲范围内蔓延。宗教改革后的教廷不再独揽大权，教皇的奢侈日子也到头了。欧洲的人们不仅获得了思想解放，还营造出了一种轻松宽容的宗教氛围。按照路德的建议，基督徒不仅可以直接阅读《圣经》，不必拘泥于教皇的解释，还能提出自己的见解。至于那些烦琐的宗教礼拜仪式也被废除了，只保留了洗礼和圣体圣事。对于教士而言，不必再过禁欲主义的日子，可以结婚。

宗教改革后期，一位名叫约翰·加尔文的人取代了马丁·路德的地位。他在巴黎长大，并学习了神学和法律，他所出版的《基督教原理》，后来成了宗教改革的理论依据。由于加尔文所提出的改革方案被视作邪说，教廷把他驱逐出教会。自那以后，加尔文便开始了逃亡生活，直到在瑞士的日内瓦落脚。

在日内瓦，加尔文并未闲着，他到处宣扬宗教改革。日内瓦的教会在加尔文的治理下，成了宗教改革的典范，同时也是新教的中心。此外，加尔文还得到了许多工商业者的支持。这与加尔文所倡导的教义密切相关，加尔文认为每个基督徒的义务是加强自身道德修养并努力工作，而不是把命运交给上帝决定。

加尔文的《基督教原理》把他所倡导的教义传播到欧洲其他地方，对荷兰、苏格兰和英格兰产生了重大影响。在许多教徒的心中，加尔文无异于新时代的教皇，而日内瓦则被看作是新教的罗马。

## 到海外淘金——哥伦布

1451 年，一个名叫克里斯托弗·哥伦布的人在意大利的热那亚出生了，他便是后来发现美洲的哥伦布。他从小就对航海探险十分感兴趣，他的偶像便是曾经到过中国且著有《马可·波罗游记》的马可·波罗。和许多欧洲人一样，哥伦布也十分喜爱丝绸、香料、瓷器等东方物品。当然，哥伦布更加相信在遥远的东方到处都是金子。

为了实现到海外淘金的梦想，哥伦布掌握了丰富的航海技术，还对维度进行推算，制定了一系列的航海计划。就在他觉得万事俱备时，他想到了最后一个难题，他需要金钱的支持。这不是一笔小钱，不是私人能负担得起的。他想到了国王，便到处去游说，但葡萄牙、法国和英国国王都对他的航海计划不感兴趣。在这些人的眼中，哥伦布就是个江湖骗子，他们的钱投给哥伦布会打水漂。

哥伦布的航海路线的确是错误的，当时葡萄牙的舰队已经证实了。迪亚士带着葡萄牙的舰队来到了非洲的好望角，这是葡萄牙舰队到达印度、中国的必经之地。后来，达·伽马的舰队就绕着好望角来到了印度。

这些国王拒绝哥伦布还有一个十分重要的理由，那就是哥伦布的胃口太大。哥伦布在陈述完航海路线后，会提出一些过分的要求，他要求担任航海舰队的司令，还要成为殖民地的总督，他的后代也必须享有总督继承权，最后所得战利品必须分给哥伦布 10%。

1492 年，西班牙的王后伊莎贝拉被哥伦布成功说服。王后很快便向国王斐迪南二世吹枕边风，让斐迪南二世支持哥伦布的航海计划。这是伊莎贝拉做出的最正确的一个决定，这个决定不仅支持哥伦布发现了美洲大陆，还给西班牙带来了不少财富和一大块殖民地。

在支持哥伦布航海上，斐迪南的财政大臣也出了不少力。在他的劝说下，伊莎贝拉更加相信此举不仅能带回财富，还能把基督教传播到亚洲。伊莎贝拉的宗教观念十分强烈，她要让阿拉伯人接受基督教。

1492 年 8 月 3 日，哥伦布的舰队带着西班牙国王给印度和中国的国书出发了。这是一次颇为冒险的航海，哥伦布的舰队没有按照预期到达目的地。那是一些绝望的日子，哥伦布等人看不到陆地，放眼望去是一望无际的海洋。到了 10 月 9 日，哥伦布的船员纷纷要求返回西班牙。哥伦布为了安抚船员，就坚称三天后一定会看到陆地。到了 10 月 11 日这天，哥伦布的船员看到了陆地，哥伦布的舰队登上了巴哈马群岛的圣萨尔瓦多岛，当然这座岛屿的名字是哥伦布起的，圣萨尔瓦多是救世主的意思。

在圣萨尔瓦多岛上，哥伦布发现了一些土著人。这些土著人显得很友好。哥伦布没有在圣萨尔瓦多岛上久留，不论这里的土著人怎么友好，最重要的是没有黄金。

10 月 28 日，哥伦布的舰队来到了达古巴岛，这里也居住着一群友好的土著人。哥伦布等人教土著人唱圣歌，他们表现得也很配合，还会制作十字架。但哥伦布的目的并不是传播基督教，他又不是教士，他要找黄金。哥伦布拿出黄金让土著人观看，并示意他想找这种东西。土著人立刻给哥伦布指出了一个明确的位置，哥伦布在这里发现了一些黄金。这下，哥伦布可以给西班牙国王一个交代了。

哥伦布带回的黄金让西班牙国王看到了回报，第二次航行很快就获得了资金支持。这次航行差不多进行了三年，哥伦布发现了一些新的岛屿并命名，开始在这些岛屿上建立起殖民地。1496 年 6 月 11 日，哥伦布回到了西班牙。

1498 年 5 月 30 日，哥伦布的第三次航海探险开始了，这次他的任务是寻找传说中的一块大陆，这一次哥伦布发现了南美洲。1500 年 10 月，哥伦布回到了西班牙，他被人控告有罪。回到西班牙后不久，哥伦布就被无罪释放，这样一个航海英雄的支持者有很多。

此时哥伦布的名气已经很大了，除了西班牙，葡萄牙也很震惊。美洲这块大陆在人们的心中是从来不存在的。当然，也有很多人怀疑，哥伦布所到达的地方并不是亚洲，而是一个没有被发掘的新世界。伊莎贝拉也很好奇，就派哥伦布再次航行，验证新大陆与亚洲的联系。

对于欧洲人来说，哥伦布发现新大陆有利于殖民，他是当之无愧的航海英雄。但对于美洲土著来说，这却是一场灭顶之灾。西班牙的军队来到了美洲，宣示着主人的身份，对土著人展开了大肆屠杀。对于极少数幸存下来的土著人来说，生活变得异常艰辛起来，他们不被允许融入白人社会中，甚至不会被当作一个人来看待。

## 与教皇决裂——都铎王朝

法国人在英格兰创立的金雀花王朝随着亨利七世的出现而结束，这场战争持续了四十多年，历史上称之为“玫瑰战争”。从此以后英格兰进入了都铎王朝的统治时期。

作为都铎王朝的开创者，亨利七世是个颇有作为的国王，他不仅结束了英格兰混乱的战争局面，还通过有效的行政管理，让英格兰的经济得到了发展。

1509 年，亨利七世去世，他的次子亨利继位成为英格兰国王，年仅 17 岁。亨利八世有个哥哥名叫亚瑟。作为亨利七世的长子，亚瑟从一出生就被当作继承人保护和培养。亨利七世为了与西班牙改善关系，就给亚瑟安排了一场跨国婚姻，让亚瑟迎娶西班牙公主凯瑟琳。亚瑟与凯瑟琳结婚后不久，亚瑟就无故死亡了。

这样一来，次子亨利就成了继承人。亨利七世为了保住与西班牙的联姻关系，说服凯瑟琳留在英格兰，并让次子亨利娶凯瑟琳为妻。这种婚姻起初不被基督教所接受，不过凯瑟琳声称她还是处女，再加上她母亲伊莎贝拉与教皇的关系，最终凯瑟琳和亨利的婚姻申请得到了教会的认可。

在英格兰民众的心中，亨利八世被寄予厚望，他们希望这个高大英俊的国工能继续带领他们走出混战、贫困的局面。但事实证明，亨利八世是个喜欢胡闹的国王，他一辈子主要做了两件事，换老婆和打仗。

亨利八世在成为国王的头几年里，白天打猎，晚上开宴会，根本不处理政务。后来，亨利八世便雄心勃勃地表示，他要继承父亲的遗志，让英格兰的基业发扬光大。亨利八世开始到处打仗，他和意大利交过手，也和法兰西开过战，在与苏格兰的战斗中，亨利八世还取得了胜利。

对于欧洲的其他国家来说，亨利八世这个钟爱战争的英王虽然并不受欢迎，但教皇却很喜欢他。当德意志如火如荼地进行宗教改革之际，亨利八世作为一个坚定的天主教徒，公开反对马丁·路德的宗教改革，还因此得到了教皇的嘉奖。不过，当亨利八世想要换老婆的时候，却遭到了教皇的反对。随着与教皇关系的破裂，亨利八世也开始由支持天主教转而支持新教，成了宗教改革的支持者。

1527 年，亨利八世派人告诉教皇，他与凯瑟琳的婚姻无效。这时的亨利八世正和一个名叫安妮·博林的女人处于热恋中，当安妮怀孕后，亨利八世便有了娶安妮做王后的心思。不过作为天主教徒的亨利八世自然知道天主教是不允许离婚的，他便以婚姻无效为由向教皇提出离婚申请。亨利八世还给凯瑟琳扣上了一顶生不出继承人的帽子。凯瑟琳曾多次流产，只有玛丽一个女儿。虽然英格兰有女子当国王的传统，但亨利八世并不想让玛丽成为他的继承人。自从亨利八世和凯瑟琳离婚后，玛丽就由公主变成了私生子。

对于亨利八世的离婚申请，教皇的态度是不予理会，他跟西班牙王室的关系不错，自然不能放任亨利八世和西班牙公主凯瑟琳离婚。等急了的亨利八世做出了一个出格的决定，他宣布英格兰教会脱离天主教的管控。

亨利八世扶植托马斯·沃尔西当上英格兰教会的主教，但这位新任主教却反对亨利八世迎娶安妮做皇后。亨利八世一生气就下令逮捕沃尔西，很快沃尔西便病死了。随后，亨利八世又安排一个人担任主教。新任主教十分爽快地同意亨利八世离婚，从那以后亨利八世就宣布他才是教会真正的主人。

虽然亨利八世与教皇撕破脸的目的是让安妮当皇后，但此举却让英国脱离了教廷的控制，让国王获得了至高无上的权力，教会在英格兰的影响力大大削弱，这无异于一场宗教改革。亨利八世很快遭到了教皇的报复，他被开除了教籍，还遭到了国内旧势力的反对。

1536年，被亨利八世囚禁的凯瑟琳病逝。皇后安妮在四个月后也被亨利八世处死。安妮在成为皇后后，只生下了一个女儿，她就是伊丽莎白。生不出儿子的安妮遭到了许多人的反对，尤其是天主教徒。一时间，谣言四起，人们都说安妮是个魔鬼，所以才生不出儿子。就这样，安妮被冠以女巫的罪名处死。

安妮死后，亨利八世一共娶了四个女人，其中只有第三任老婆为他生了一个儿子，这便是爱德华王子。在亨利八世逝世时，爱德华只有9岁，根本不具备处理政务的能力。尽管如此，爱德华依旧是国王，处理政务的工作暂时交给公爵们。但爱德华没等到成年就病逝了。

爱德华的死让英格兰的公爵们开始重新思考继承人的问题，这时玛丽被推到了英格兰国王的位置上，他们似乎忘记了玛丽是个激进的天主教徒。

少女时期的玛丽颇受亨利八世的宠爱，但随着凯瑟琳被废后，玛丽与亨利八世之间的关系随之破裂。亨利八世不仅不承认玛丽身为公主的身份，还禁止玛丽与凯瑟琳见面。在凯瑟琳病逝时，亨利八世也不允许玛丽参加母亲的葬礼。

玛丽在成为英格兰女王后，便把对父亲的恨意全部发泄到了新教徒的身上。她担任英国女王的时间虽然短暂，但却杀死了许多新教徒。玛丽上任后的第一件事便是恢复天主教在英格兰的地位，同时打压新教。此时，新教已经在英格兰站稳了脚跟，许多人都开始信仰新教。玛丽女王的残忍镇压自然遭到了许多人的反对，就这样安妮王后的女儿伊丽莎白成了新任女王。

伊丽莎白对父亲的憎恨不亚于玛丽，但她却支持新教。在安妮王后被处死后，伊丽莎白也被剥夺了公主的身份，成了和玛丽一样的私生女。伊丽莎白也只能支持新教，在天主教那里，她母亲安妮的王后身份不会被承认，她也不会被认可。玛丽在当女王期间，曾逼迫伊丽莎白改信天主教，伊丽莎白虽然附和了玛丽的要求，但内心还是比较倾向于新教。不过伊丽莎白并未打压天主教，她选择让天主教和新教和谐相处。

与酷爱打仗的父亲不同，伊丽莎白属于稳扎稳打的女王，她为人谨慎，善于听取下属的意见。在伊丽莎白的统治下，英格兰渐渐强大起来，甚至还打败了西班牙的海军。这场战争的胜利扭转了西班牙和英格兰在欧洲的地位，从此以后，英格兰的海军开始称霸。

在伊丽莎白的统治下，都铎王朝走上了辉煌的巅峰，资本主义的经济也得到迅速发展。在文化领域，英格兰迎来了文学发展的黄金时代，例如莎士比亚的戏剧。

政绩不错的伊丽莎白女王终身未嫁，在面临议会代表的逼婚时，伊丽莎白把戒指戴在手上，郑重地对他们说："我已经献身于丈夫了，他就是英格兰。"

伊丽莎白之所以选择终身不嫁，并不是因为她是个清心寡欲之人，这是一个正确的政治决策。如果伊丽莎白选择结婚，那么她只能有三种选择，这三种选择都不利于她的统治。

伊丽莎白可以选择国外的国王作为她的丈夫，这样英格兰就会沦为其他国家的附属国，还会因继承人的问题发生争执。伊丽莎白如果选择国内的贵族作为她的丈夫，会让其他贵族不满，因为这样会造成贵族之间的不平衡。最后一个选择便是平民，如果伊丽莎白和一个平民结婚并生子，她的继承人就会因血统不纯正而遭到非议。与其这样，伊丽莎白倒不如不结婚。就算这样也会存在问题，她死后，继承人就会出现短暂的空缺。

## 屠杀大狂欢——胡格诺战争

当约翰·加尔文在日内瓦取得了一定的成就后，便想把新教传播到他的祖国法国。加尔文曾在法国宣传过新教，那时他就被驱逐出法国，只好流浪到日内瓦。加尔文在日内瓦日理万机的间隙时刻关注着法国新教发展的趋势，在法国他的新教也有许多信徒，法国各地也有不少刚成立的新教教会，信仰新教的人和路德教派被统称为胡格诺教派。

新教的信众主要集中在资产阶级之中，他们虽然有少量的资产，但却无法与根深蒂固的贵族相抗衡。当然也有贵族加入到新教中，成为胡格诺教派的一分子，但只是极少数。随着信众的增多，加尔文开始越来越重视法国的新教事业，他派遣使臣介入新教活动中。

法王对于新教的态度和贵族一样，是坚决的打压和迫害。到了亨利二世当法王时，胡格诺教派的日子过得更加艰难，作为天主教徒的亨利二世专门在巴黎的法院设立了一个被人们称为“火焰法庭”的机构来处理新教徒。

1559年，亨利二世在女儿的婚礼上遇刺，虽然被及时送去就医，但还是不治身亡了。其实，亨利二世并不情愿把女儿嫁到西班牙，他曾在西班牙代父当人质，西班牙对他而言就是心理阴影。

亨利二世的继承者弗朗索瓦二世是个喜欢滥杀无辜的年轻人，他的种种作为直接激化了新教与贵族的矛盾。两年后，弗朗索瓦因病去世。这个时候，新教的势力已经壮大到让人吃惊的地步。

弗朗索瓦二世的弟弟查理九世成了新任法王，不过权力掌握在母亲凯瑟琳·美第奇手中。面对天主教与新教之间的矛盾，凯瑟琳的态度倾向于和解。就在凯瑟琳想和解的办法时，一次意外冲突发生了。

1562年3月，一个名叫吉斯的公爵到瓦西的一座教堂里望弥撒。吉斯的随从与一名新教徒发生了冲突，在双方互扔石块时，不小心误伤了吉斯。这在天主教徒的心中是极大的侮辱，吉斯公爵可是天主教徒中的领军人物。吉斯即刻命人屠杀瓦西的新教徒，该事件直接导致了宗教战争的爆发，这场发生在法国的宗教战争也被称为胡格诺战争。

**【望弥撒】**

望弥撒是天主教的一种宗教活动，每到耶稣降生、传道、受难、复活、救赎的纪念日时，天主教徒就会到教堂参与这种宗教活动。

战争一开始，双方都在国外寻求同盟。天主教徒的支持者是西班牙，新教的支持者是苏格兰和德意志。到了1563年，双方之间的战争有所缓和，凯瑟琳允许新教徒在特定区域自由进行宗教活动。

在之后的几年内，敌对双方曾爆发过两次战争，最后虽然都签订了和约，但双方心中都明白，和约不过是一张随时可以撕毁的废纸。作为宫廷的代表，凯瑟琳和查理九世却一直在努力让双方和解。

凯瑟琳想到了联姻的方式，她决定撮合公主玛格丽特和新教徒亨利·波旁。1572年8月22日，玛格丽特和亨利准备举行一场盛大的婚礼。许多新教徒听说后，纷纷赶往巴黎参加亨利的婚礼，但晚上却遭到了亨利·吉斯军队的屠杀，亨利·吉斯的父亲吉斯公爵死在了新教徒的手中。

这场大屠杀最后演变成了一场杀人狂欢，开始在法国各地传播开来，许多人都有了杀人借口，只要给被害者扣上新教徒的帽子，杀人犯就能免于处罚。这场大屠杀被称为“圣巴托罗缪惨案”。

圣巴托罗缪惨案的执行者虽然是亨利·吉斯，但却得到了凯瑟琳的默许。当凯瑟琳意识到事态的严重性时，立刻派人制止屠杀，但亨利·吉斯却告诉她：“已经太晚，无法停手了。”

屠杀给新教带来了无法弥补的损失，在巴黎的新教徒基本上都是领导，结果全被杀死了。那个新郎官亨利本来也是要被处死的，在关键时刻他的新娘玛格丽特出面保住了他的性命，代价是亨利必须改信天主教，不过亨利很快就逃出巴黎。

查理九世在大屠杀发生后不久就病倒了，他被大屠杀的血腥场面吓坏了，每天都被噩梦缠身，最后抑郁而终，年仅24岁。查理九世死后，他的弟弟亨利三世成了新任法王。

亨利三世对新教的态度比较温和，不仅谴责圣巴托罗缪惨案的残暴，还为新教徒平反，并允许新教徒可以在除巴黎外的地区自由参加宗教活动。亨利三世希望两教派能和平相处，但吉斯家族并不答应，亨利三世决定摆脱吉斯家族的控制，并找借口把吉斯家族的第三代公爵和他的弟弟召进宫暗杀了。亨利三世也遭到了报复，于1589年遇刺身亡。

亨利三世死后，亨利·波旁继位。天主教徒根本不承认亨利四世的国王身份，亨利四世在消灭了吉斯家族的势力后，依旧无法进入巴黎。巴黎的大多数信众都是天主教徒，新教徒已经在圣巴托罗缪惨案中被杀死或逃往外地。

为了能进入巴黎，亨利四世在圣德尼教堂改信天主教。亨利四世的这种做法可谓是两边都不讨好，新教徒对他失望至极，天主教徒也看不上他。但正因如此，亨利四世才结束了胡格诺战争，并且赶走了西班牙的军队。

## 朝圣像发泄愤怒——尼德兰革命

法国的胡格诺宗教战争虽然把法国搅成了浑水，但却给加尔文教派做了不错的宣传。西班牙有一块富庶的殖民地尼德兰，这里的人们听说了法国的消息后，也开始变得蠢蠢欲动了，尤其是新兴的资产阶级，早就不满于西班牙的打压，他们想借助宗教信仰的名义为自己赢得一些利益。

面对新教的发展，西班牙的态度非常坚决，下令处死新教徒。在尼德兰宣传新教的牧师们常常面临着死亡的危险，大部分牧师集中在靠近英吉利海峡的位置，随时准备到英格兰避难，当时的英格兰是个新教国家。

西班牙派到尼德兰的总督是个女人，名叫玛格丽特。她比较了解尼德兰的情况，并请求国王腓力二世放松对尼德兰的宗教控制。牛气冲天的腓力二世根本不退让，玛格丽特也只能遵守国王的命令。

1566 年 4 月的一天，总督府门前出现了几个乞丐，他们是尼德兰的大贵族，特意用这种奇特的方式向玛格丽特施压，希望玛格丽特能放弃对新教徒的迫害。结果，这几个贵族被玛格丽特赶了出来。

到了 8 月份，尼德兰的新教徒变得越来越愤怒，他们纷纷进入天主教的教堂和修道院，砸毁了不少圣像，这次的暴动意味着尼德兰革命的开始。总督玛格丽特立刻出来安抚愤怒的新教徒，并派人给腓力二世送信。

玛格丽特希望能尽快平息这场暴动，便下令允许新教徒进入城市。玛格丽特的这个命令立刻让新教徒平息了怒火，后来尼德兰的贵族们纷纷选择支持玛格丽特，新教徒的处境变得宽松起来。但这种良好的局面被一个人打破了，他便是腓力二世派来帮助玛格丽特的阿尔法公爵。

阿尔法公爵带着军队来到了尼德兰，他下达的第一个命令便是捕杀新教徒，一些贵族和资产阶级领袖也被他下令处死。阿尔法公爵还颁布了新的税收制度，增加了尼德兰人的经济负担。在这种局面下，尼德兰的有钱人只能逃到国外。

剩下的尼德兰人除了抵抗别无选择，为了避免正面交战，尼德兰人选择了灵活的游击战。尼德兰的“海上乞丐”游击队和“森林乞丐”游击队，让阿尔法的军队吃了不少亏。阿尔发渐渐有些力不从心，海上乞丐总会袭击西班牙的运输船，让西班牙海军不得安宁；森林乞丐的骚扰也让西班牙军队损失了不少力量。

在这些看起来小打小闹的游击战中，尼德兰人渐渐建立了一个个小据点，北方甚至完全摆脱了西班牙的统治，成了一个独立自主的国家，这便是荷兰。

腓力二世自然注意到了尼德兰的局势，他召回阿尔法，并派出了新的尼德兰总督列揆生。列揆生的军队立刻包围了来登城，这是个地势低洼之地。守城的尼德兰军队突然打开水闸，西班牙的军队只能撤走。这次战役的失败，让腓力二世改变了对尼德兰的策略，他决定朝南方下手。

南方的贵族属于封建势力，资产阶级的发展会影响他们的利益，他们便决定和腓力二世合作，并承认腓力二世是尼德兰的主人。腓力二世选择与南方的贵族合作，并宣布北方的同盟领导者威廉·奥兰治为叛贼。奥兰治在北方同盟的心中具有很重要的地位，在荷兰独立后，奥兰治也成了荷兰的国父，国歌《威廉颂》赞扬的就是奥兰治。这个消息传到北方同盟后，废除腓力二世的消息立刻传回了西班牙。

奥兰治被暗杀后，尼德兰的北方同盟渐渐无力抵抗西班牙的进攻，西班牙已经开始掌握了主动权，这时英格兰女王伊丽莎白伸出了援助之手。从英王亨利八世起，西班牙就和英格兰结下了梁子。后来，英格兰成为新教国家，处处和西班牙对着干，不仅保护新教徒，还打西班牙海上贸易航线的主意。

在这种关键时刻，伊丽莎白派人告诉腓力二世，她是尼德兰革命的支持者，想要镇压这场革命，就必须征得她的同意。就这样，英格兰的海军和西班牙的海军开始较量起来。1588 年，西班牙的海军被英格兰打败。从那以后，西班牙再也不是欧洲的海上霸主，也无法控制尼德兰北部，荷兰变得安全了。

荷兰这个独立国家就是腓力二世的一块心病，1589 年腓力二世便病逝了。他的继承者腓力三世与荷兰签订了一份和约，承认了荷兰的独立。尼德兰革命虽然打着宗教革命的旗号，实际上是欧洲的第一场资产阶级革命。尼德兰革命后的荷兰走上了资本主义经济的道路，成了欧洲各国羡慕的富国。

## 谁的地盘，谁决定信仰——三十年战争

1618 年 5 月 23 日，神圣罗马帝国皇帝马提亚斯派到波西米亚布拉格的两名钦差被新教徒从王宫的窗口扔了出去。很快，新教徒便成立了临时政府，并宣布波西米亚脱离马提亚斯的统治。这起历史事件被称为“掷出窗外事件”，标志着三十年战争的开始，这也是一场席卷整个欧洲的战争。

在掷出窗外事件发生前，马提亚斯曾派遣大臣和教士进入波西米亚，希望能在波西米亚复兴天主教。马提亚斯的大臣们在波西米亚实施了激进的宗教政策，不仅禁止新教徒举行宗教活动，

还拆毁了新教教堂并杀死了大量的新教徒。

在掷出窗外事件发生的当天，新教徒的贵族代表来到王宫进行和谈。但双方谈崩了，新教徒便把两位钦差大臣扔了出去。这两个人并没有摔死，而是赶紧逃回了维也纳，他们的国王就在那里。

1619 年，马提亚斯逝世后，斐迪南二世继承帝位，成为神圣罗马皇帝，同时他还是一名狂热的天主教徒。斐迪南二世当皇帝没多久，就被波西米亚的军队给包围了。斐迪南二世只好派人和驻扎在维也纳附近的起义军和谈。

斐迪南二世只是假意和谈，他暗中派人向天主教同盟的西班牙求助。斐迪南二世给出的条件让西班牙非常满意，西班牙很快就派出了一支军队进行增援。到了 8 月份，波西米亚的军队已经退回波西米亚。

不久之后，一个新的消息传到了斐迪南二世的耳中，波西米亚已经选出了新的国王腓特烈五世。自 1526 年起，波西米亚就成了神圣罗马帝国的一部分，国王被神圣罗马皇帝废除。

气愤不已的斐迪南二世立刻率兵杀到波西米亚。最终斐迪南二世赢得了胜利，腓特烈五世逃到荷兰避难，波西米亚重新被天主教统治。

1621 年，荷兰和西班牙之间的交战，让这场波西米亚起义演变成了一次国际战争。自从荷兰独立后，西班牙就一直想收回荷兰。在协助斐迪南二世镇压波西米亚起义时，西班牙表现得十分积极，想借此控制莱茵河的关键地段，这样就能在与荷兰打仗时，占据地理优势。

这时，斐迪南二世报恩的机会来了，他当然会选择支持西班牙。但欧洲其他国家却并不这样想，法国、英国、丹麦和瑞典都选择支持荷兰，并结成同盟。1625年，丹麦在英国和荷兰的支持下，正式出兵。

起初，新教同盟的军队获得了不少胜利，收复了许多失地。但随着阿尔伯莱希特·华伦斯坦的介入，新教同盟开始连连败退，最后丹麦被击败并投降，签订和约。这样一来，斐迪南二世的天主教势力一下子延伸到波罗的海。

华伦斯坦是三十年战争期间赫赫有名的统帅，他曾经是一名新教徒，他的父亲也信仰新教。但在1606年6月份的一次升职中，华伦斯坦改变了信仰，成了一名天主教徒，那个时候他已经是上校，效忠于神圣罗马帝国的皇帝。在镇压波西米亚的起义中，斐迪南二世看到了华伦斯坦的军事才能，并委以重任。

击退丹麦后，华伦斯坦的事业迎来了一个巅峰，在神圣罗马帝国发挥着十分重要的作用。按照华伦斯坦的想法，他希望斐迪南二世能实行宗教自由的政策，这种政策可以帮助斐迪南二世建立一个中央集权和统一的神圣罗马帝国。

作为狂热的天主教徒，斐迪南二世想要扫除所有的新教，就颁布了归还教产赦令，华伦斯坦则是这个政策的执行者。这样，许多新教徒就必须改信天主教，不然就会被驱逐出去。这种做法引起了许多诸侯的不满，他们觉得皇帝是在趁机揽权，就纷纷到斐迪南二世那里抱怨。在诸侯的压力下，斐迪南二世只好让华伦斯坦为自己背黑锅，就解除了华伦斯坦的职务。

但很快，斐迪南二世就把华伦斯坦请了回来，因为瑞典军队来了。自从波罗的海被神圣罗马帝国控制后，瑞典国王古斯塔夫二世就开始担心瑞典在波罗的海的优势，于是在法国的资金援助下出兵。

古斯塔夫二世是个英勇善战的国王，通过几场战役，瑞典的军队成功占领了许多地盘。面对如此严峻的形势，斐迪南二世只好请华伦斯坦出山。华伦斯坦答应出征，但却提出了许多苛刻的条件，这些条件尽管难以接受，但斐迪南二世只能同意。

1632 年 11 月 16 日，华伦斯坦和古斯塔夫二世在萨克森的吕岑正面交锋。这场战役虽然是瑞典取得了胜利，但他们的国王古斯塔夫二世却阵亡了。华伦斯坦深知此时的瑞典已无力进攻，正是和谈的好机会，他便派人把这个想法告诉了皇帝，却遭到了天主教诸侯们的反对。

失望的华伦斯坦只好暗中与新教势力和谈，其间他还放走了许多俘虏。华伦斯坦的这种做法让斐迪南二世十分不满。到了瑞典军队再次入侵时，华伦斯坦已经不再听从斐迪南二世的调遣。不管华伦斯坦按兵不动的理由是什么，在斐迪南二世的眼中，这已经是反叛行为。

1634 年，华伦斯坦召开了一次会议。在会议上，华伦斯坦要求所有的军官必须效忠于他。这个消息立刻传到了斐迪南二世的耳中，皇帝下令撤除华伦斯坦的一切职务。不过斐迪南二世并未下令处死华伦斯坦，毕竟这是个领兵打仗的人才。后来，华伦斯坦在逃走时，被刺客杀害。

1634 年 9 月，瑞典军队被击败，并和神圣罗马帝国签订了和约。《布拉格和约》签订后不久，斐迪南二世便废除了归还教产敕令。

《布拉格和约》签订的消息传到法国后，法国为了防止西班牙重新在欧洲称霸，便和瑞典一起协同作战。至此，三十年战争进入了混战阶段。1648 年，法国和瑞典联军击败了神圣罗马帝国，并在 10 月份签订了和约，三十年战争就此结束。

# 第五章

# 翻开历史的新篇章

宗教战争之后，欧洲的历史翻开了新的一页。英国经过内战和光荣革命，确立了君主立宪制，并击败荷兰成了海上霸主；自信心膨胀的法王路易十四号称“太阳王”；在腓特烈二世的带领下，普鲁士崛起为欧洲强国；而俄罗斯则由彼得一世和叶卡捷琳娜二世引领着走上了改革和强盛之路。

# 送国王上断头台——英国内战

伊丽莎白死后，詹姆士一世成为英王，他的儿子查理一世在1625年继承王位。查理与父亲的宠臣白金汉公爵乔治·维利尔斯的关系很不错，曾和他一起到西班牙讨老婆。查理看上了西班牙公主，不过西班牙公主却嫌弃他是个新教徒。在当时，英国已经是新教国家，而且在三十年战争中，与西班牙是敌对势力。最后，查理还是娶了一个天主教徒当老婆，她便是路易十三的妹妹里埃塔·玛丽亚。

查理成为国王后不久，便和白金汉公爵商量着出兵支持法国和西班牙的新教势力，这样英国就陷入了双线作战的被动状态。打仗需要钱，但议会根本不支持查理。查理只能典当玛丽亚的嫁妆，并向富有的臣子借钱，如果不借钱给查理，查理就会把他们关起来。最让议会恼火的是，查理居然越过议会征收关税。这样一来，查理和白金汉公爵在议会成员的心中就成了狼狈为奸的组合。

1627年，当查理召开议会征集军费时，遭到了下议院的反对。后来，下议院在征得上议院的同意后，便拟定了一份请愿书。查理看过请愿书后，很不高兴。当下议院成员批评白金汉公爵时，查理突然爆发，宣布解散议会，此后英国在很长一段时间内都处于无议会的状态。

## 【下议院】

下议院是英国国会的一部分，英国国会主要由君主、上议院和下议院组成，其中下议院的权力在历史上不及上议院，后来才逐渐超越上议院。

由于白金汉公爵已经被刺杀，查理便培植了一个新的心腹，让威廉·劳德做主教。在劳德的建议下，查理决定把苏格兰和英格兰的宗教活动统一起来。从詹姆士一世起，苏格兰和英国便接受同一个英王的统治，但苏格兰依旧保持着独立，拥有自己的议会和教会。查理的这个决定自然遭到了苏格兰的反对。查理立刻采取强制手段，但却被苏格兰打败了。

苏格兰的起义军很快就攻入英国，查理为了打仗，便召开议会，希望能筹集到军费。可议会成员根本不理会查理的建议，反而提出增加权利的要求，这让查理十分恼火，一气之下又解散了议会。

苏格兰的起义军打败了查理的军队，占领了英国北部的一些城市。就在查理焦头烂额之际，伦敦又传来了工人和平民暴动的消息，纷纷要求召开议会。在苏格兰的施压下，查理签署了和约。但查理却拿不出赔偿给苏格兰的钱，为此他只能同意召开议会。

在议会召开时，许多反对查理的议员要求逮捕斯特拉福伯爵和劳德大主教，就算查理为他们说情也不管用，最终斯特拉福伯爵被处死。此次议会后，查理的威信基本没有了，按照规定，查理再也不能任性解散议会。

1641 年 11 月，议会通过了《大抗议书》，上面基本上都是查理的罪行。查理看到后十分生气，不仅拒绝签署，还离开了伦敦，他在约克城拉起了一支队伍。面对如此不配合的国王，议会宣布查理不再是英王。这下，彻底激怒了查理，英国内战就此开始。

此时的英国分成了两大派，查理有不少支持者，但大多是封建贵族和教士，议会的支持者主要是新兴的资产阶级。在内战开始前，议会一方的胜算要大于查理。议会不仅有钱，还有人。查理所占据的地方不仅贫瘠，而且人烟稀少。

不过在内战初期，议会方的军队却没讨到便宜，反而是屡屡失利。查理的军队都是职业军人，受过军事化的训练。议会方的军队却都是临时召集来的。而且对于普通人来说，国王虽然落魄了，但好歹是国王，影响力还是有的。

在一场扭转局势的战役中，一个名叫奥利弗·克伦威尔的人脱颖而出。在内战爆发后，克伦威尔便选择站在议会一方，还组建了一支英勇善战的部队，这支部队被称为“铁骑军”。

马斯顿荒原战役的胜利虽然让议会军赢得了战机，但却因为曼彻斯特等人的错误决定，导致查理的军队恢复元气。在随后的军事会议上，曼彻斯特受到了许多人的批评。在强大的压力下，议会决定改组军队。

改组的议会军拥有了比以前更强大的战斗力，1645 年在克伦威尔的率领下击败了查理的军队。这次的失败给查理的军队造成了无法挽回的损失，查理再难重整旗鼓。1646 年，查理的大本营牛津被议会军攻克。查理秘密逃到苏格兰，准备东山再起，但却被苏格兰的利文勋爵软禁起来，并交给了英国议会。

很快，关于查理的审判就开始了。最后，查理因叛国罪被判处死刑。1649 年 1 月 30 日的早晨，查理被送上了断头台。死前，查理还朗诵了一首诗，他显得很有尊严，并没有因为面临死亡而害怕。

查理死时，他的儿子正在法国避难。1650 年，查理二世回到苏格兰，决定东山再起，但却被克伦威尔的军队击败，查理二世则逃到了法国。

内战结束后，英国成了共和国。克伦威尔也成了英国的军事独裁者，并获得了护国公的称号。在克伦威尔死后，他的儿子理查德虽然继承了父亲的权力，但很快被赶走，只能到法国寻求庇佑。

1660 年，查理二世回到了英国，并重登王位。

## 女婿取代岳父——光荣革命

查理二世成为国王后，便以弑君罪的名义处死了九个人。但查理二世是个很聪明的国王，他早看清了议会存在的现实，他并未像父亲那样，认为国王应该掌握绝对的权力。正因查理二世审时度势的见识，才让议会接受了他这个国王的存在。在查理二世担任国王期间，国王与议会一直相安无事。

1685 年，查理二世因中风身亡，年仅 55 岁。查理二世有许多情妇，这些情妇虽然给他生下了许多孩子，但都是私生子，不是合法的继承人。于是，查理二世的弟弟约克公爵詹姆士成为新任国王，这便是詹姆士二世。与查理二世不同，詹姆士二世完全接受了父亲查理的理念，认为国王应该掌握绝对的权力，同时他还是个狂热的天主教徒。但在登基之初，詹姆士二世并未表现出这些野心，反而表现得非常温和，让所有人都觉得放心。

1685 年 6 月，蒙默斯本以新教的名义煽动起义，向詹姆士二世索要王位。蒙默斯本是查理二世的私生子，就在他正在外地寻欢作乐时，查理二世突然死亡，蒙默斯本本以为自己会成为国王，没想到他的叔叔居然捷足先登。

1685 年 7 月 15 日，蒙默斯本所召集的起义军被詹姆士二世的军队击败，蒙默斯本只好逃命，但很快就被抓住并处死。与蒙默斯本一起处死的还有许多起义军的俘虏，他们被处以绞刑。

蒙默斯本起义被镇压后，詹姆士二世并未解散军队，反而在议会会议上表示，军队不能随意解散，应该保留着，防止暴动。很快，詹姆士二世就做了另一件让议会不满的决定，即扩充军队，还把军队驻扎在伦敦，并且在军中安插天主教徒军官。这支军队立刻触动了英国人敏感的神经，对于英国人来说，他们不希望恢复君主专制制度，那就意味着人们的权利会被国王剥夺，国王便可以任意增加税收。而且军队还能左右议会的决策，是议会的威胁。

其实早在詹姆士二世成为国王前，议会就发生了争执，因为詹姆士二世是天主教徒，有人担心詹姆士二世会在英国推行天主教。但詹姆士二世却得到了贵族和地主的支持，这拨人被对手骂作“托利”，托利就是盗马贼的意思，后来詹姆士二世的支持者便被称为托利党。反对詹姆士二世的人被骂作“辉格”，辉格便是不法之徒的意思，后被人称为辉格党。

就在英国人反感詹姆士二世的时候，从法国涌来了许多新教徒。原来法王路易十四决定在法国恢复天主教，许多新教徒便遭到了迫害。这件事让英国人更加反感天主教，并觉得詹姆士二世这个天主教国王迟早会迫害新教徒。

詹姆士二世对路易十四的做法大为赞赏，并称路易十四是个伟大的君王。这下，英国新教徒更加确信詹姆士二世会像路易十四一样。路易十四虽然在法国实施镇压新教的政策，但却劝詹姆士二世不要轻易推行天主教，毕竟新教在英国已经根深蒂固，作为国教已经 150 多年了。

1687 年，《赦免宣言》发布了，这意味着天主教徒担任军职重新合法化了。有了国王的保护，天主教开始公开进行宗教活动。詹姆士的这个决定遭到了议会的反对，詹姆士二世便乘机解散了议会。

后来，詹姆士二世命令所有教士每逢星期日，必须在教堂里朗诵《赦免宣言》。这无异于一种侮辱，遭到了许多教士的反对。大主教威廉·桑克洛夫特和另外 6 名主教联合起草了一份请愿书，指责詹姆士二世的非法行为。詹姆士二世看过后，立刻把这 7 名主教交给了法院，希望法院能判处他们反叛罪。可法院却宣布这 7 个主教无罪释放。

1688 年 6 月 10 日，从王宫中传出了一个消息，王后给詹姆士二世生下了一个男孩。这个消息让英国人更加无法忍受詹姆士二世的统治。詹姆士二世有两个女儿，玛丽和安妮都是新教徒。英国人希望詹姆士二世死后，玛丽或安妮可以成为国王，这样新教徒就会重获新生。但这个男孩的降生意味着下一任英国国王依旧是天主教徒。

新教徒希望玛丽能继承王位，便诬陷这个小王子不是詹姆士二世的儿子，只是天主教徒故意弄来的一个不知名的孩子，冒充王子。这时，托利党和辉格党不再内斗，反而联合起来，共同邀请玛丽来英国做国王。

但此时的玛丽已经嫁入荷兰，她的丈夫威廉必须放弃在荷兰的地位，随妻子来到英国，而且身份只能是女王的丈夫。不过威廉也具有英国王室的血统，他是查理一世的外孙。玛丽和威廉商量了一下，玛丽要求威廉只爱她，这样玛丽就会在行使女王权力时，听从威廉的建议。很快，威廉便率领军队来到了英国。

詹姆士二世本想与威廉的军队决一死战，但没想到总司令不愿支持天主教而率领部分军官逃走了。看到散沙一样的部队，詹姆士二世知道他不会赢得胜利，便匆匆逃出伦敦，在路过泰晤士河时，便把玉玺丢入了河中。

就这样，詹姆士二世的统治被推翻了。但问题来了，托利党十分重视王室血统，希望玛丽能成为英国唯一的国王，威廉只能以摄政王的身份待在英国。

在召开的议会上，威廉因为决定把最高权力交给国会而赢得了许多人的支持。最终，议会决定玛丽和威廉是英国共同的统治者。除此之外，议会还通过了《权利法案》，这意味着君主立宪制在英国确立下来，从那以后君主专制制度在英国就成了历史。

这场推翻詹姆士二世统治的过程被称为光荣革命，这场革命不仅确立了君主立宪制，而且没有发生流血冲突，这让英国人引以为傲。

# 海上霸主争夺赛——英荷战争

现今，人们只要提起荷兰，就会想起郁金香这种花。在17世纪，荷兰的郁金香被炒到了天价，郁金香虽然是鲜花，但同时也是财富的象征，是只有富人才能消费得起的东西。许多欧洲国家都觉得非常可笑，认为荷兰迟早会在郁金香上栽跟头。很快，郁金香的价格就跌落了。许多做郁金香生意的荷兰人都遭受了巨大的损失。但让人意外的是，荷兰的经济却并未遭受多大影响，依旧活跃于世界贸易舞台。

荷兰自从摆脱了西班牙的统治后，就迅速走上了资本主义的道路。荷兰的土地面积虽然小，但却是17世纪世界的经济中心。相反，曾经的霸主西班牙倒是渐渐走向衰落，昔日的海外殖民地也保不住了。

海外淘金的确给西班牙带来了巨额的财富，但他们却把抢来的黄金都用于装饰教堂了，黄金只是变成了装饰品，于经济发展一点用也没有。但荷兰却把财富当成了赚钱的工具，从而垄断了世界贸易，荷兰的商船可谓是遍及世界各地，有“海上马车夫”之称。

荷兰的存在挡住了英国的发财路。自从英国的海军打败西班牙，英国就成了一个强大的殖民国家。虽然荷兰的商船很多，经济贸易非常发达，但海军力量却不如英国。如果说，海上贸易航线对英国来说是发财线的话，那么对于荷兰来说就是生命线。英国与荷兰之间迟早得通过打仗来决定到底谁才是海上的霸主。

第一次英荷战争发生在1652年，当时两国舰队在一处海峡发生了冲突，并很快宣战。这场战争以荷兰的失败而告终，荷兰只能把海上权力让给英国，这直接造成了荷兰经济的瘫痪。

第二次英荷战争是因为争夺海外殖民地而产生的。英国相中了北美的一块地，便派兵占领了，还给这块地起了一个新的名字——纽约。荷兰得知后立刻反击，后来与法国、丹麦一起攻打英国。

1666 年 5 月，英国的舰队被荷兰击败。当时英国正处于查理二世复辟之际，海军实力被削弱了不少。当时的英国欠下了巨额债务，海军的军费自然得不到保障，从而造成了舰队装备的落后和士气的低落。8 月份，荷兰军队攻入泰晤士河，伦敦岌岌可危。英国军队立刻前去为伦敦解围，结果荷兰军被打败，只得让出刚刚到手的制海权。

就在英国喘息之际，英国伦敦发生了大火，烧毁了许多财物。这场意外打击让英国无力继续作战，只能与荷兰和解。但荷兰却趁机偷袭伦敦，占据了泰晤士河，逼英国就范，英国只好同意让出制海权，并签订了一项和约。

不甘心的英国在 1672 年重新挑起战争，这便是第三次英荷战争。这一次，英国和法国合作，分别从陆地和海上攻打荷兰。面对法国的陆军，荷兰想出了一个退敌的办法，就是拆毁海堤，让海水倒灌。荷兰是个低地国家，没有了海堤的保护，海水很容易淹没土地。虽然法军撤退了，但海上的英军还在等着荷兰，荷兰舰队只能迎难而上，最终击退了英国的进攻。

1673 年 6 月，英国海军与法国舰队联合起来和荷兰打仗。后来，由于法国退出了战争，英国也无力继续作战，便提出了和谈，这是荷兰求之不得的。和谈过后，两国之间恢复了和平，持续了 20

多年的英荷战争终于结束了。

虽然英国并未击败荷兰，但却用战争大大削减了荷兰的实力。英荷战争后，荷兰就沦为欧洲的二流国家，再也无法恢复昔日的经济强国的地位。相反，英国成了海上霸主，经济、贸易得到了发展。除了英国外，渔翁得利的法国也获得了不少好处。

英荷之间的和平只持续了 7 年。英国在美洲的殖民地爆发了美国独立战争，这让英国损失了不少殖民地。在美国独立战争中，荷兰也插了一脚，援助了美国。这让英国很是恼火，便废除了与荷兰之间签订的各种和约，派出海军攻击荷兰的舰队。此时的荷兰舰队早已不是英国海军的对手，战争结果显而易见。这时，法国作为调停者出现了，帮助荷兰争取利益，但英国还是拿走了荷兰的殖民地和商队物资，就连英国欠荷兰的国债，也取消了利息。

## 太阳王——路易十四

1643 年，法王路易十三去世，他的长子路易·迪厄多内·波旁只有 5 岁。年幼的路易十四自然没有能力处理政务，他的母亲西班牙公主安娜便开始摄政。安娜并不是个铁腕的政客，她只能依靠马扎然。马扎然不仅是安娜的情人，还是路易十四的老师。

在马扎然统治时期，巴黎曾爆发过一场暴乱，当时路易十四只有 9 岁。迫于暴乱的压力，路易十四只能逃出巴黎。这段出逃经历对于路易十四来说，着实不愉快。这时，马扎然和安娜根本顾不上照顾路易十四，他们都忙着与叛乱贵族争权夺利。直到 1652

年 10 月，路易十四才重新回到巴黎，这还是马扎然用离职为代价换来的。

这场暴动对路易十四造成了深远的影响，他开始意识到，只有君主掌握绝对的权力，才能防止暴动的发生，法国才能获得和平。路易十四虽然是法王，但却没有接受系统的教育。那个时候的法国动荡不已，马扎然和安娜能保住路易十四的法王地位已属不易，根本顾不上教育。路易十四周围的人则告诉他，他是法国国王，这种权力是上帝赋予他的，他只需要对上帝负责就可以。这完全是一套君权神授的理论，这可能直接促成了路易十四个人崇拜的风潮。

路易十四掌握大权后，就自称是太阳王，把自己当成神一样让臣民崇拜。

此外，路易十四还很受文艺青年的喜爱。路易十四肯为一些作家和学者花钱，当然前提得是，这些文艺青年肯花工夫写诗歌赞美他。有时候，路易十四还会定期举办颂王大赛，就是文艺青年比着拍国王的马屁，谁拍得好，谁就能获胜。

1661 年 3 月，马扎然去世了，此时的路易十四已经成年，不再是那个需要有人保护的小孩子。马扎尔去世前，曾秘密嘱咐路易十四,一定要亲自掌权，绝对不能有其它手握重权的人存在。路易十四便解除了尼古拉斯・富凯的职务，罪名是贪污受贿。其实这个人是马扎然的继承者，手握重权。

路易十四是个很勤快的国王，每天都会花很长时间和大臣们一起商讨国事。处理政务之余，路易十四开始在朝中培植自己的势力，他所倚重的臣子很少，而且重大事务都必须由他本人决定。

大权在握的路易十四尤其忌惮有势力的贵族，便一一打压，还把许多贵族安排在他所建造的凡尔赛宫中。此外，路易十四还对法国各省的军事制度进行了改革，从而把军队的调动权全部掌握在自己手中。

在宗教方面，路易十四选择了强制镇压。路易十四的母亲安娜是个天主教徒，在安娜的影响下，他也成了一名虔诚的天主教徒。在路易十四的高压下，新教徒不得不改信天主教。

路易十四在位期间，曾发动过四次大型战争。虽然在这四次战争中，法国赢了三次，并享受了胜利带来的好处，但这远远抵不了战争的庞大开销。为了打仗，路易十四不得不增加税收，这让许多法国人都非常不满，便爆发了起义。这次的起义虽然是反对税收，但却打着宗教的名义。这让路易十四更加憎恨新教，并认为新教就是导致法国不稳定的根源所在，他便有了肃清国内新教的心思。

路易十四在法王的位置上一共坐了 72 年，是历史上在位时间最长的国王，就连康熙皇帝也比不过他。路易十四与康熙是同时代的人，总会被放在一起进行比较。当时，法国和中国还建立了外交关系，路易十四还曾给康熙写信。

路易十四的臣子也曾因他的爱好而担心过，路易十四十分喜爱芭蕾舞，甚至还亲自出演芭蕾舞剧，并乐此不疲。

路易十四虽然在位时间长，但洗澡次数却很有限，总共不超过 7 次。就连路易十四的情妇蒙特斯潘夫人也无法忍受臭烘烘的国王。不过这在当时也是一种潮流，所有欧洲人都不喜欢洗澡，他们担心会在洗浴场所感染梅毒。虽然路易十四是太阳王，但也是肉体凡胎。

在当时，路易十四是法国公认的美男子。有人甚至说，即使路易十四不是国王，也能轻易赢得女人的芳心。

1658 年，22 岁的路易十四情窦初开，向母亲安娜请求娶玛丽·曼奇尼为妻。曼奇尼是宰相马扎然的侄女，是个美丽的才女。安娜棒打鸳鸯，严厉斥责了路易十四，并让路易十四知道，他的王后必须有利于他的统治。就连马扎然也是这样认为，并匆匆给曼奇尼安排了婚事。一年后，西班牙的公主玛丽亚·泰蕾莎嫁给了路易十四。

泰蕾莎是个端庄严肃的女人，路易十四则是个喜欢跳舞的男人。对于泰蕾莎王后，路易十四虽然尊重，但却着实喜爱不起来。这时，路易十四看上了弟弟奥尔良亲王菲利普的媳妇亨利埃塔公主。亨利埃塔不仅长得漂亮，性格也活泼。路易十四总是和亨利埃塔在一起玩乐，不论是跳舞还是划船，都会叫上亨利埃塔。

亨利埃塔与奥尔良亲王的结合也是政治联姻，路易十四和马扎然为了赢得英王查理二世的原谅，便选择了联姻。在英王查理被处死后，亨利埃塔便随同母亲到法国避难，她的母亲是路易十四的姑母。但当时法国也发生了暴动，安娜和马扎然根本顾不上照顾这对母女，这让查理二世很不舒服。

在查理二世成为英王后，马扎然为了消除英王的不满，便决定联姻。当时法国找不到可以联姻的公主，便只能把英国公主娶过来。由于路易十四已经有了王后，亨利埃塔便只能嫁给奥尔良亲王。

在亨利埃塔生病期间，路易十四表现得过分关心，不仅命令奥尔良亲王跪在病床前向亨利埃塔道歉，还让巴黎所有的教堂为亨利埃塔祈福。在亨利埃塔去世后，路易十四还为她举行了一场盛大的葬礼。

路易十四第一个公开的情妇是路易斯·拉瓦利埃尔。路易斯是亨利埃塔的女仆，虽然喜爱路易十四，但却没勇气向国王表达爱意。当时，亨利埃塔正被绯闻所困扰，就把路易斯推给了路易十四。

路易斯虽然喜爱路易十四，但却耻于情妇的身份，总想着能到修道院内过平静安宁的日子，但却得不到路易十四的同意。几年后，路易十四终于同意让路易斯到修道院生活，并给了她不少钱。此时的路易十四已经和一个美丽的女人蒙特斯潘侯爵夫人勾搭在一起。蒙特斯潘侯爵夫人喜欢唱歌，路易十四喜欢跳芭蕾舞，两人总能配合得不错。

这位风情万种的蒙特斯潘侯爵夫人最后被一个年老色衰的寡妇所取代。弗朗西斯·奥比涅的丈夫虽然是个著名的诗人，但死后却给奥比涅留下了债务。后来，奥比涅便到修道院中度日。经人介绍，奥比涅成了蒙特斯潘侯爵夫人的保姆，替蒙特斯潘侯爵夫人照看国王的私生子。

随着年龄的增长，路易十四开始倾向于享受天伦之乐，闲暇之余喜欢和孩子们待在一起。渐渐地，路易十四便注意到了保姆奥比涅，并开始追求她。奥比涅不仅拒绝了国王的追求，反而劝国王承担起做丈夫的责任。被拒绝的路易十四自然很生气，但转念一想，觉得奥比涅说的有道理。从那以后，路易十四便老实待在王后身边。

在王后泰蕾莎去世后，路易十四便继续追求奥比涅。由于奥比涅不愿做情妇，路易十四便赐予她曼特隆侯爵夫人的封号。虽然奥比涅没有得到大臣们的认可，她也不是法国的王后，但她却是路易十四的妻子。对于这段婚姻，路易十四还是很满意的，他觉得得到奥比涅的爱情是一件非常幸福的事情。

## 墓地前的土豆——腓特烈二世

1740 年，28 岁的腓特烈二世成了普鲁士的国王。此时的普鲁士已经是一个军事强国，这是腓特烈二世的父亲腓特烈·威廉一世留给他的礼物。在腓特烈·威廉一世刚成为普鲁士国王时，普鲁士还是一个弱小的国家，在强国的夹缝中求生存。腓特烈·威廉一世在当政期间，实施了一系列改革，废除了不必要的浪费制度，把所有的精力都集中在军队扩充上。随着腓特烈·威廉一世的努力，普鲁士的国库渐渐充盈，还有了一支强大的军队。

腓特烈·威廉一世是个强硬而铁腕的国王，他对儿子的培养也是如此。腓特烈二世因为受不了父亲的管束，而和好友卡特商量着逃往英格兰。后来，腓特烈二世被父亲抓回去，卡特也因此被处死。

不久之后，腓特烈·威廉一世就给腓特烈二世安排了一场婚礼。腓特烈二世对这场婚礼十分不满，并拒绝与妻子同居，只会在公开场合共同出现。

腓特烈二世是当时的进步青年，深受法国启蒙思想的影响，对新思想的接受能力很强，和法国的伏尔泰还是好朋友。在宗教上，腓特烈二世的态度显得极为宽容，接受任何宗教信仰的臣民。此外，腓特烈二世还是个很勤快的国王，在他看来，自己就是人民公仆。

在军事扩张上，腓特烈二世继承了父亲的遗志，寻找一切可能的机会扩张普鲁士的地盘。在腓特烈二世成为国王后不久，奥地利就给了他扩张的机会。奥地利国王查理六世去世后，腓特烈二世便趁机占领西里西亚地区。

西里西亚是块肥肉，极具经济价值，可以为普鲁士提供不错的税收。奥地利自然不肯轻易让出西里西亚，最终双方只能靠武力解决。在这场战争中，腓特烈二世的军事才能得到了充分的发挥，他赢得了胜利，为普鲁士争到了一块富庶之地，为财政收入提供了保障。

腓特烈二世对于西里西亚地区的人们来说是个恐怖的存在，他在这里实施了大屠杀。事后，腓特烈二世甚至还期望能与西里西亚人保持良好的关系。据说，腓特烈二世争夺西里西亚的目的就是引起欧洲诸国的注意。

失败的奥地利并不甘心将西里西亚拱手相让，便和法国、俄罗斯联合起来共同反对腓特烈二世。当时，腓特烈二世和英国签订了一项条约。这项条约触及了法国的利益，法王路易十五十分生气，奥地利就立刻和法国达成合作。

让奥地利意外的是，腓特烈二世居然选择了先发制人，主动挑起战争，七年战争就此开始了。当时普鲁士的情况很不乐观，这是一个刚刚兴起的国家，却一下子要与三个国家作战。腓特烈二世深知军费是战争中的关键所在，而普鲁士国库的钱根本不够支持他打完这场战争，于是他便向英国寻求帮助，希望英国能给予金钱上的支持，毕竟法国是英国的死对头。

有了英国的军费支持，再加上腓特烈二世的军事才能，他赢得了战争的胜利。这场战争被称为“七年战争”，虽然普鲁士曾在战争期间险些亡国，但最后的胜利却让普鲁士成了欧洲五大强国之一。腓特烈二世的威名也在欧洲传播开来，在许多人的心中，他已不再是一个小国家的国王，而是可以被冠以“大帝”之称的人。

七年战争的胜利给腓特烈二世招来了许多粉丝，当时俄罗斯的许多贵族都十分崇拜他。就连后世的历史名人拿破仑也对他的军事才能赞不绝口。

1786 年 8 月 17 日，74 岁的腓特烈二世去世，他没有儿子，只能让侄子继位。腓特烈二世的临终遗言是要和爱犬葬在一起，但腓特烈·威廉二世却把他葬在了一座教堂的墓室里。直到 1891 年，腓特烈二世才实现了夙愿，与爱犬葬在了一起。对于德国人来说，腓特烈二世是个值得缅怀的国王，每年都会有德国人前来拜谒腓特烈二世，但腓特烈二世的坟墓上却从未堆满鲜花，反而是一些土豆。

如今，土豆对于欧洲人来说是种很常见的蔬菜，但在腓特烈二世时代，土豆却是有毒的，不能食用。土豆是在 16 世纪由西班牙航海探险者从印第安人那里发现的。从那以后，航海探险者总会在船上准备一些土豆，这样可以防止败血症的出现。

但欧洲人却不接受土豆这样生长在土里的植物，并认为凡是埋在土里的东西都是不吉利的，与魔鬼有关。最关键的是，《圣经》中从未提到过土豆。这说明，上帝也不同意人们食用土豆。

土豆是种产量高且营养丰富的蔬菜，可以解决饥荒的问题。许多统治者都曾强行逼迫人们食用土豆。俄国的彼得和叶卡捷琳娜强制农民种植土豆。法国的路易十六则想出了一个更绝的办法，让土豆沾染王室的贵气，从而提高土豆的地位，他让王后头戴土豆花出现在众人面前。但这些措施都没产生所期望的效果。

腓特烈二世起初也采用了强制的手段，但却让土豆更加妖魔化。为此，腓特烈二世想到了一个更好的推广办法，他让士兵种植土豆，并派士兵守着那片土地。许多人都很好奇国王到底种了什么，便偷偷去地里挖土豆。那些把守的士兵也是睁一只眼闭一只眼，不予理会，腓特烈二世曾命令他们故意放松警惕。人们把偷来的土豆种植在自己的地里，收获后品尝，发现味道不错。从那以后，土豆就成了普鲁士的主食之一。在西里西亚战争和七年战争中，土豆作为军粮帮助普鲁士的士兵们扛过了许多艰苦的战斗。

## 恶作剧沙皇——彼得一世

1672 年，沙皇阿列克谢·米哈伊洛维奇有了一个儿子，这个儿子便是以后的彼得大帝。1682 年，彼得和哥哥伊凡并立为沙皇。不过由于彼得尚且年幼，再加上伊凡是个痴呆儿，大权就被索菲亚公主掌握。

随着年龄的增长，彼得想要收回属于他的沙皇权力，但野心勃勃的索菲亚就是不交权。彼得便率领自己训练的军队打败了索菲亚，把索菲亚关进了修道院。

1697年，彼得做出了一个重大决定，这是一个史无前例的决定，他跟随一个使团到欧洲进行学习。欧洲的航海技术、工厂、学校和英国议会等都让彼得大开眼界，他离开欧洲前，还聘请了许多欧洲人到俄国去工作。

1698年，彼得回到了俄国后，立刻展开了改革。彼得引进了西方的政治制度，并认为自己是这个国家的公仆。但实际上，彼得却是一个提倡集权的沙皇，对于权力，彼得和路易十四一样，认为只有把权力抓到手中，才能保证国家的安定团结。当然，彼得也是个十分勤快的沙皇。

彼得在俄国所进行的一系列改革虽然让俄国走上了发展现代文明的道路，但却让当时的俄国人生活在水深火热之中。在俄国历史上，曾有过一个暴君，他便是伊凡四世，被称为“恐怖伊凡”。彼得改革给俄国人带来的痛苦不亚于恐怖伊凡，有人甚至认为彼得就是一个披着幽默外衣的恐怖伊凡。

在彼得的改革下，俄国的工业基础建设和经济贸易都得到了发展，税收也增加了。彼得强大的军队和经济发展都是建立在税收的基础上。在信仰方面，彼得不仅剥夺了东正教教徒的信仰，还没收了教会的财产。

自从彼得之后，西欧人开始重新审视这个野蛮的国家。对于西欧的贵族来说，俄国人就是一群生活在冰天雪地里的野蛮人，是穿着兽皮喝着酒的乡巴佬。但西欧贵族的这种偏见被彼得所打破，俄国开始成为一股不容小觑的力量。但彼得的改革和一系列战争，却造成了俄国人口的锐减。

1700年，北方战争开始，彼得和波兰、丹麦结盟，准备干掉瑞典，从而在波罗的海称霸。此时瑞典的国王是查理十二世，年仅18岁。查理十二世虽然年龄小，但却是个优秀的统帅，在战争一开始，便占据了先机，打乱了俄国与波兰、丹麦的联盟。

查理十二世先从丹麦下手，轻易击败丹麦，丹麦宣布退出战争。很快，查理十二世的部队就开始进攻俄国，在一场暴风雪中击败了守卫在纳尔瓦城的俄国军队，不少俄国贵族和将军都成了查理十二世的俘虏。胜利的消息一传到瑞典，瑞典人立刻发明了一种纪念币来侮辱俄国，纪念币上印着彼得的头像，是痛哭流涕的彼得。得意扬扬的查理十二世立刻又率军杀向波兰。这场仗打得非常轻松，波兰国王很快被击败。

这时的瑞典已经没有了威胁，完全可以继续在波罗的海称霸。查理十二世作为瑞典的国王，应该回国处理政务，毕竟瑞典早在北方大战开始前，就已经被一些战争拖垮了，不然彼得不会斗胆和瑞典争夺波罗的海霸权。但查理十二世对国内政务一点儿兴趣也没有，他更喜欢率军打仗。查理十二世不像是国王，反而很像中世纪的骑士。

1708年，瑞典军队入侵俄国。一连串的胜利让查理十二世开始轻视俄国，觉得打败俄国很容易，便拒绝了彼得的求和建议。这一次，彼得采用了诱敌深入的战略，再加上这几年的发展，俄国的军事实力已经增长了不少，彼得有信心让查理十二世有来无回。

查理十二世的军队进攻很顺利，没有遭遇俄国的大部队，反而是一些恼人的零星游击队，让瑞典军损失了不少。渐渐地，瑞典开始发现俄国根本就是一个缺吃少穿的地方，而且他们所携带的物资也渐渐不够用了。就在瑞典军队陷入了弹尽粮绝的境地后，俄国大部队突然出现了，波尔塔瓦战役开始了！

彼得给查理十二世准备了大炮，瑞典军被这些大炮炸得够呛，有了大炮打前锋，俄军在上阵杀敌时就变得轻松多了。查理十二世在作战中受了伤，被安置在担架上。但俄军的炮火实在猛烈，查理十二世只好上马继续作战，后来查理十二世的坐骑都被炸死了。瑞典军一看势头不对，立刻掩护着查理十二世逃离俄国，到土耳其避难。

到了土耳其后，查理十二世便想尽办法让土耳其与俄国开战。1711 年，土耳其战败，并与俄国签订了和约。查理十二世只好逃离土耳其，两周后进入瑞典境内。这位好战的国王回到瑞典后立刻开始重整军队，在 1718 年，他率军攻打挪威。这一次，查理十二世战死沙场，年仅 36 岁。

查理十二世一死，彼得立刻向瑞典施压，让瑞典交出波罗的海的大部分沿海土地，还胁迫瑞典让出侵占丹麦的土地。从此以后，瑞典就从一个欧洲强国沦为一个小国家，再也无法称霸波罗的海。

彼得在波罗的海的出海口建立了一座城市——圣彼得堡，这座城市的建筑物完全是西欧风格的，是通向西欧的窗口。圣彼得堡的建立耗费了大量的人力物力。后来，彼得还把俄国的首都迁至圣彼得堡。

和以往的沙皇相比，彼得算是个接受过高等教育的沙皇，他对建筑、军事和商业贸易都有所了解。

1724年，彼得看到两个溺水的士兵，便下水去救。彼得因此感染了风寒，入冬后病情加重，最后病死了，年仅52岁。彼得死后，他的老婆成了俄国的沙皇，人称叶卡捷琳娜一世。

## 想活二百年——叶卡捷琳娜二世

1745年8月21日，俄国皇室举办了一场盛大的婚礼，婚礼的主角便是皇储彼得和已经改名为叶卡捷琳娜·阿列克谢耶芙娜的德国公主索菲亚。这桩婚事的促成者是俄国女王伊丽莎白和普鲁士国王腓特烈二世。

伊丽莎白没有孩子，在位期间一直在寻找合适的继承人，让人惊讶的是，她居然看上了妹妹安娜的儿子卡尔·彼得·乌尔里希，乌尔里希的父亲是瑞典的贵族，他还同时享有瑞典王位的继承权。乌尔里希成为俄国皇储后，便改名为彼得·费奥多罗维奇。

彼得被伊丽莎白接回俄国后，伊丽莎白就开始为他寻找合适的妻子。伊丽莎白希望能为彼得找到一位受过良好教育的妻子，这样这个女人就能代她好好管教一下这个老是惹是生非还酗酒的外甥。

腓特烈二世听说这个消息后，十分兴奋，他想为未来的沙皇提供一个普鲁士妻子，这样普鲁士和俄国的关系就有可能得到改善。就这样，一位公爵的女儿索菲亚被选中了。在腓特烈二世的安排下，索菲亚的肖像画被送到圣彼得堡伊丽莎白的手中。

1744年1月，索菲亚接到了伊丽莎白的邀请，前往俄国做客。

一个多月后，索菲亚和母亲来到了莫斯科。在这里，索菲亚母女受到了热情的招待。但彼得却泼给索菲亚一盆冷水，他告诉索菲亚，他虽然对她有好感，但他已经有喜爱的人了。彼得的这种做法让索菲亚十分吃惊，同时也觉得好笑，她不相信彼得所喜欢的人能成为俄国的女主人。

为了在俄国站稳脚跟，索菲亚向伊丽莎白请求学习俄语和东正教礼仪。1744 年 6 月 28 日，索菲亚皈依了东正教，并改名为叶卡捷琳娜。在婚礼上，叶卡捷琳娜苦学的俄语终于派上了用场，她流利的俄语赢得了许多贵族的好感。

婚后不久，叶卡捷琳娜就无法忍受彼得了，她发现彼得是个喜欢惹是生非的孩子，好像永远长不大。

1754 年 9 月 20 日，叶卡捷琳娜生下了一个儿子，这个孩子便是以后的沙皇保罗。

保罗的出生并没有让叶卡捷琳娜的日子得到改善，她与彼得之间的关系变得更加疏远，她只能另寻新欢，彼得也有自己的情人。至于保罗，从出生起就被送到伊丽莎白那里，与叶卡捷琳娜的关系十分冷淡。或许是因为伊丽莎白抢走了保罗，叶卡捷琳娜在成为女王后，也抢走了保罗的儿子亚历山大。叶卡捷琳娜与孙子亚历山大的关系非常好，甚至在遗诏中让亚历山大接过沙皇之位。

1760 年 2 月 10 日，彼得的生日宴会开始了。叶卡捷琳娜在宴会上认识了一个男人，他便是格卫戈利・奥尔洛夫。奥尔洛夫虽然没什么文化，但却是个英俊魁梧的军官，在上流社会很吃得开。奥尔洛夫很快成了叶卡捷琳娜的情夫，也是日后叶卡捷琳娜发动政变的得力助手。

1761 年 12 月 25 日，伊丽莎白去世。彼得成为沙皇后，与叶卡捷琳娜的关系变得更加恶劣。有时候，彼得三世甚至会在公共场合斥责叶卡捷琳娜，让她很没面子。彼得三世还想废掉叶卡捷琳娜，让情妇当王后。可惜的是，彼得三世的这个想法被叶卡捷琳娜识破了，她决定先下手为强。

在俄国，彼得三世的反对者可不少。彼得是个新教徒，与信奉东正教的俄国格格不入。虽然彼得三世是彼得大帝的亲外孙，但在俄国人的心中，他更像是个普鲁士人，是俄国的叛徒。在伊丽莎白时代，彼得三世就曾泄露军事情报给腓特烈二世，并沾沾自喜。在俄国与普鲁士的战争中，俄国明明占据上风，能消灭普鲁士的军队，但彼得三世却下令撤军。这让俄国军人颇为不满。

1762 年 4 月，叶卡捷琳娜生下了一个男孩，这是她与情夫奥尔洛夫的孩子。彼得三世得知后，十分生气，想要逮捕叶卡捷琳娜，并把她送入修道院。在副官的劝说下，彼得三世才改变心意。但在国宴上，彼得三世却一点儿面子也没给叶卡捷琳娜，当众辱骂她，这让叶卡捷琳娜越发坚定了发动政变的决心。

在奥尔洛夫的协助下，叶卡捷琳娜开始收买禁卫军。但一个军官泄露了她阴谋发动政变的消息，为此奥尔洛夫和叶卡捷琳娜只好提前发动政变。在叶卡捷琳娜军队的包围下，彼得三世宣布退位。

成为俄国的统治者后，叶卡捷琳娜二世便想着手于改革，她觉得这是让俄国走向强大的唯一道路，但在改革的过程中她遭遇了一个难题，那就是农奴制。叶卡捷琳娜二世想要废除农奴制，但却碍于贵族势力，只好作罢。在一次农奴起义后，叶卡捷琳娜二世更加觉得改革的必要。

### 【农奴制】

一种强制剥削的经济制度，对于封建专制的沙皇来说，农奴制就是权力的保障。

叶卡捷琳娜二世是个开明的女王，她也很喜欢和法国的哲学家们交流思想，尤其是读伏尔泰的著作。法国的哲学家和文人们也很喜欢叶卡捷琳娜二世，让一个女王喜爱并称赞不仅很有面子，还能得到金钱的资助。狄德罗的著作《百科全书》出版后，曾遭到法国政府的禁止。叶卡捷琳娜二世得知后，立刻表示她愿意出钱在圣彼得堡出版狄德罗的著作。叶卡捷琳娜还在狄德罗落魄时，资助了他不少钱。

在叶卡捷琳娜二世的统治下，俄国的版图扩大了不少。叶卡捷琳娜二世曾说过，如果她能活到二百岁，那欧洲一定会匍匐在她的脚下。在所扩大的版图中，有土耳其的，也有瑞典的，这两个国家都是败给俄国后，被迫割让领土。最关键的是，叶卡捷琳娜二世还和普鲁士、奥地利一起瓜分了波兰。

1763 年，叶卡捷琳娜二世趁着波兰国王去世的机会，派出俄国军队进攻波兰。在 1772 年，俄国便与普鲁士、奥地利第一次瓜分波兰，并立波尼亚托夫斯基为国王。

在最后一次瓜分波兰时，波尼亚托夫斯基正在为国内的起义军焦头烂额。这时，俄国、普鲁士和奥地利的联军出现了，不仅镇压了波兰起义军，还让波兰遭受了灭顶之灾。至于波兰国王波尼亚托夫斯基，则被送往俄国，成了叶卡捷琳娜二世的阶下囚。

# 第六章

# 剧烈变化中的欧洲

经过 17 ～ 18 世纪思想启蒙运动的洗礼，欧洲进入了觉醒、反抗、革命的新时代。轰轰烈烈的法国大革命催生了横扫欧洲的拿破仑，同时席卷欧洲的还有革命的浪潮，而与社会革命相伴随的工业革命为人类社会开辟了一个崭新的世界，革命运动的思想结晶是马克思主义的诞生。与革命浪潮同时兴起的是民族统一运动——著名的铁血宰相俾斯麦缔造了德意志的统一。

# 新思潮的出现——启蒙运动

17 ~ 18 世纪的欧洲正处于一场思想解放运动之中，其中心便是法国，这场以崇拜理性为核心的思想解放运动被称为“启蒙运动”。启蒙运动在欧洲产生了十分深远的影响，就连腓特烈二世和叶卡捷琳娜二世这样的君主也深受启蒙运动的影响，声称自己是国家公仆。启蒙运动中涌现了许多思想家，例如伏尔泰和卢梭，这两个人还是死对头。

伏尔泰最初的梦想是成为一名诗人，他想朝着文艺方向发展。但身为法律公证人的父亲却希望伏尔泰能成为法官。按照父亲的要求，伏尔泰只好去攻读法律。没过多久，伏尔泰就对父亲说，他还是想学习文学。这下，伏尔泰便被送到了荷兰，在那里担任法国大使秘书。不安分的伏尔泰很快闹出了桃色新闻，就在他准备与心爱的姑娘私奔之时，父亲突然出现，并把他带回了法国。

回到法国的伏尔泰依旧不安分，这一次他得罪了摄政王，被流放到苏里。两年后，伏尔泰被关进了巴士底狱。伏尔泰再次因为写讽刺文章而得罪了摄政王，这让摄政王忍无可忍，最关键的是他竟无从反驳伏尔泰的讽刺。

**【巴士底狱】**

法王查理五世下令建造，最初为防范英国人进攻的军事城堡，后演变为关押政治犯的监狱，成为法国封建专制的象征。

伏尔泰在巴士底狱的日子过得十分潇洒，他所需要的物品会被无限制地送入巴士底狱，例如书籍、香水等。除了写作外，伏尔泰还会用和犯人们玩游戏打发时间，有时也会和政府官员共同进餐。

很快，伏尔泰便出狱了。他所创作的戏剧《俄狄浦斯》在巴黎上演，并引起了巨大的轰动。这是一出乱伦剧，巴黎人把它看成了一出讽刺摄政王的戏剧，认为俄狄浦斯就是摄政王，那个乱伦的女人就是摄政王的女儿。人们对《俄狄浦斯》热捧，让伏尔泰赚了个盆满钵满。

伏尔泰拿着这些钱投资，变得更加富有。变成富翁的伏尔泰变得慷慨大方起来，结交了许多朋友。志得意满的伏尔泰在参加一次宴会时，得罪了一个贵族。他再次被关进巴士底狱，并被流放到英国。

在英国的三年，让伏尔泰大开眼界。伏尔泰学习了英文后，便开始阅读英国的经典著作。伏尔泰还利用闲暇时间，在英国进行了一番考察，了解了英国的君主立宪制度和习俗以及一些唯物主义经验论的新思想。伏尔泰把在英国的所见所思写成了一本书《哲学通信》，这本书在法国出版后，立刻引起了轰动，并成为抨击法国专制制度的思想武器。

最让伏尔泰感到吃惊的是牛顿的葬礼。在法国，只有贵族出身的人才能享有国葬的规格。但牛顿这样一个平民物理学家却在死后以国葬规格出殡，这是莫大的荣誉，也是英国崇尚真理的风气使然。

后来，伏尔泰虽然回到了法国，但却因为作品饱受迫害。不得已，伏尔泰只好隐居。伏尔泰还曾去过普鲁士，不过在他与腓特烈二世的关系破裂后，便离开了普鲁士，在法国与瑞士的边境定居下来，并继续创作，揭发天主教会的种种罪行。84 岁时，伏尔泰回到了巴黎，并受到了许多人的欢迎，此时启蒙运动在法国已经发展得声势浩大。

与伏尔泰同时代的卢梭也是法国启蒙运动的先驱之一，但他的人生经历却要坎坷得多。卢梭出生于一个经济贫困的家庭，没有接受完整的系统教育，所掌握的知识完全依靠自学。

在伏尔泰名声大振之际，卢梭虽然是巴黎的名人，但远比不上伏尔泰的名气。卢梭给伏尔泰寄去了论文《论人类不平等的起源和基础》，他希望能得到伏尔泰的赞赏。但伏尔泰的回信却让他很愤怒。

伏尔泰在回信中说："先生，读了您的文章后，我突然有冲动想四肢爬行走路，但我已经直立行走六十多年了，根本不习惯四肢爬行。"这是伏尔泰惯有的幽默，他在临终前的交代也是如此幽默："我死后，把棺材一半埋在教堂里，另一半埋在外面。"这样，伏尔泰死后就能多出一个选择。如果上帝原谅他抨击教会，他就上天堂，如果不被原谅，他就从棺材的另一边溜走。

卢梭无法理解伏尔泰的幽默，反而觉得伏尔泰是在讽刺他的观点。在信件的末尾处，伏尔泰劝他多外出呼吸新鲜空气，这样有利于健康。这样寻常的关心之词，在卢梭的眼中变成了嘲笑，就是因为身体不好，才写不好文章。

卢梭把这种不满发泄到了回信中，而且表达得很直白。伏尔泰看到回信后，十分生气，他只是开开玩笑而已。就这样，伏尔泰和卢梭的关系变得疏远起来。在伏尔泰看来，卢梭是个小肚鸡肠的人。可卢梭眼中的伏尔泰是个不尊重他人研究成果的人。

《论戏剧的信》这篇文章一经发表，立刻引起了伏尔泰的反感。这篇文章的作者是卢梭，主要论证戏剧是无用的。可伏尔泰偏偏喜爱写戏剧，这不是明摆着找碴儿吗。伏尔泰立刻提笔批评卢梭。从此之后，伏尔泰和卢梭就杠上了，每天都在文章中攻击对方的观点和思想，后来甚至发展成人身攻击。伏尔泰说卢梭是个私生活混乱且不知羞耻的人，卢梭则说伏尔泰的人品有问题。

卢梭的主要著作之一《忏悔录》就是在伏尔泰的刺激下写的。当时伏尔泰写文章说卢梭不仅滥情，还是个不负责任的男人，把亲生骨肉送到育婴堂。为了不让伏尔泰从私生活上诋毁自己，卢梭只好用写《忏悔录》的方式堵住悠悠众口。

当日内瓦剧院因意外着火被焚毁时，伏尔泰发表了一篇文章，指责卢梭就是纵火犯，卢梭用这种方式反对戏剧文化。卢梭表面虽然不理睬，但暗地里却向朋友抱怨，说伏尔泰的怪罪让人觉得滑稽。

除了伏尔泰和卢梭外，狄德罗在法国的影响力也不小。狄德罗的代表作是《百科全书》，这是一本介绍了各种知识的书籍，包括科学技术和政治制度，由于语言通俗易懂，受到了许多人的欢迎。

最初狄德罗只是想翻译英国的《百科全书》，但又觉得英国版的《百科全书》不怎么好，就向出版社建议，亲自编纂一套《百科全书》。

卢梭也曾参与到《百科全书》的编纂中，那时他与狄德罗的关系很不错。在狄德罗被捕入狱时，卢梭还为他求情，甚至愿意和狄德罗一起坐牢。但不久后，卢梭与狄德罗的关系开始恶化。

卢梭与狄德罗的决裂是因为有关《私生子》的争辩。《私生子》是狄德罗的一部戏剧作品，这部作品承袭了狄德罗一贯的文风，以唯理性为主题，是一部没有艺术价值，却很严肃的戏剧。这次争辩后，卢梭与狄德罗就彻底决裂了，卢梭不再属于百科全书派(推崇唯理性和科学至上)。

狄德罗与伏尔泰的关系也不怎么好。伏尔泰曾怂恿一个人指责狄德罗为挣钱而向出版社卑躬屈膝。这让狄德罗倍感侮辱。

晚年时期的卢梭开始了隐居生活，但他的性格却变得疑神疑鬼，总怀疑会被人出卖给政府和教会。卢梭曾在英国受到休谟的照顾，但多疑的卢梭却怀疑休谟和伏尔泰是一伙儿的，会让他身败名裂。本来好心的休谟遭到了这样的指责，自然很生气。伏尔泰得知后，显得很淡然，他早就知道，卢梭就是个不可理喻的疯子，不会有朋友。1767 年，卢梭在英国得罪了许多人后，只能回到法国。

1778 年 7 月 2 日，卢梭去世了。同年的 2 月 10 日，伏尔泰也在巴黎去世了。不过伏尔泰幸运得多，他去世前，事业又达到了一个新的巅峰，是在巴黎人的追捧中离世的。

伏尔泰和卢梭的去世已经是 18 世纪末期了，这个时候启蒙运动已经深入法国各个角落，人们开始期盼着革命的到来，希望能改变目前的状况。

在法国大革命期间，伏尔泰和卢梭等人被革命党人当作了精神领袖，他们觉得伏尔泰和卢梭的灵柩应该被请入先贤祠。在革命党人抬着这两人的灵柩前往先贤祠时，法王路易十六正被关押在监狱中。就这样，伏尔泰和卢梭这对冤家，在死后成了邻居。

## 生产力的革新——第一次工业革命

1736 年，詹姆斯·瓦特出生了，这个人便是蒸汽机的改良者，开启了蒸汽时代。瓦特的父亲有个造船作坊，母亲则是受过良好教育的贵族。瓦特的主要教育是在家里完成的，由于身体不好，瓦特只能待在家里。瓦特的母亲虽然是个坚定的基督徒，但却教出了一个自然神论者的儿子。

瓦特安逸的日子随着母亲的去世而告终，他选择到伦敦谋生，成了一家仪表修理厂的工人。一年后，瓦特回到苏格兰，希望能有一家属于自己的修理店。不过由于瓦特资历尚浅，他的愿望落空了。

1757 年，瓦特遇到了一个贵人，他获得了在格拉斯哥大学开修理店的机会。瓦特的数学天分以及动手能力得到了约瑟夫·布莱克这位教授兼物理学家和化学家的赏识。后来，瓦特还成了格拉斯哥大学的数学仪器制造师。

1762 年，瓦特开始着手改良蒸汽机，他进行了许多实验，也遇到了许多困难，其中最大的困难便是资金。不过，瓦特得到了一位成功企业家的资助，他便是罗巴克。罗巴克虽然很看好蒸汽机所带来的效益，但他的资产没有支撑到见证改良蒸汽机投入生产的那一刻。

在罗巴克破产后，瓦特便只能寻找新的合作者。一家铸造厂的老板马修·博尔顿成了瓦特的资金提供者。1774 年，瓦特所设计的蒸汽机终于开始投入生产。此后，瓦特一直在不断地改进蒸汽机。蒸汽机的使用给瓦特和博尔顿带来了不少收益，同时也促进了生产力的提升。

机器除了提高生产力外，还改变了原有的交通运输方式，这得益于乔治·史蒂芬孙所发明的蒸汽机车，也就是火车。

与瓦特不同，史蒂芬孙的早年生活过得十分凄惨，他的父亲只是个煤矿工人，但却有许多孩子。史蒂芬孙 8 岁时，便开始挣钱养家。虽然史蒂芬孙没有机会接受教育，但却利用夜晚的时间到夜校学习。

1810 年，史蒂芬孙开始制作蒸汽机车。到了 1825 年，史蒂芬孙的蒸汽机车试验成功。火车的出现，不仅给人们提供了便利的交通，还促进了经济的发展。火车是一种运输量大而且时速快的交通工具，能够加速货物的流通，就算是大块头的货物也没问题。

蒸汽机和火车等机器的使用给英国带来了许多好处，不仅促进了贸易的发展，还让英国成了工业强国，并保持着遥遥领先的地位，英国的贸易总量在当时占据了世界贸易总量的一半以上。

第一次工业革命虽然是从英国开始的，但很快就波及了欧洲其他国家。首先受到影响的便是法国。不过工业革命在法国的发展并不顺利，法国毕竟存在着小农经济和高利贷资本等问题，比不得英国的自由贸易政策。

除了欧洲国家外，处于美洲的美国也从工业革命中得到了许多好处。与欧洲国家不同，美国的条件可谓是得天独厚，没有战争的干扰，再加上丰富的资源和廉价的劳动力，发展的速度自然不慢。

## 忙碌的断头台——法国大革命

1793 年 1 月 21 日，法王路易十六被送上了断头台。砍断路易十六脖子的断头刀是三角形的，这种三角形的刀比直刀更容易切下脑袋。改良过的断头刀不仅效率高，还能让死刑犯更快死亡。改造断头刀的人便是路易十六自己，他是个对机械十分有兴趣的国王，但让他没想到的是，自己居然有一天会被送上断头台。

临死前的路易十六表现得十分从容，他脱下外衣后，向人群交代道，希望能饶过时刻陪伴他的宫廷牧师。就连路易十六的临终遗言都显得非常宽容，没有一丝怨毒，他说自己是无辜的，但他选择宽恕敌人。

路易十六虽然是欧洲第二个被送上断头台的国王，但他却不像英王查理一世那样想要实施独裁统治。相反，他是一个愿意实施改革，减轻穷人负担的国王，他建造了许多慈善机构，帮助穷人摆脱困境。路易十六的性格虽然显得软弱，但却很善良。

号称太阳王的路易十四反倒更像是暴君，在他的统治下，法国达到了前所未有的专制，他打仗和建造凡尔赛宫所花费的金钱几乎掏空了国库。到了路易十五继位，他曾说过一句著名的话："我死后哪怕洪水滔天。"这样的国王，能指望他干什么，他只会风花雪月地享受。

路易十六登上王位时，只有 20 岁，他的父亲很早就去世了，他只能成为祖父路易十五的继承人。有这样一个败家祖父，再加上一个败家老婆玛丽·安托瓦内特，路易十六变成了一个负债国王。王后玛丽虽然是个热情奔放好相处的女人，但却很喜欢奢侈的生活，她喜欢名贵的珠宝和衣服，还有赌博的习惯。

到了 1789 年，债台高筑的路易十六只能选择召开三级会议，此时三级会议已经有多年没有召开了。路易十六希望通过三级会议增加税收，解决财政赤字的问题。法国民众对三级会议同样抱着很大的希望，他们希望三级会议能解决法国的专制主义，制定新的税收和司法制度。为此，人们还写了 6 万多份陈情书。

### 【三级会议】

法国中世纪的等级代表会议，三级会议的代表分别来自三个阶层，即教士、贵族和市民。三级会议的主要目的是批准国王征收新税。

5 月 5 日，三级会议正式开始。路易十六的表现让人们十分失望，路易十六只是陈述他的财政困难，对法国民众所渴望的政治体制改革绝口不提。作为市民的代表则提出了两个要求。第一，削减国王的权力，让三级会议变成国民议会。第二，不再以等级划分表决权，而是按照出席会议人数进行表决。

路易十六被这两个要求气坏了，他想要派兵抓捕提出要求的市民代表，但却被巴黎民众和近卫军吓住了，不敢轻举妄动。很快，路易十六便开始搞小动作，他不仅暗自调动军队，还撤掉了支持改革的大臣的职务。这些小动作被巴黎民众看在眼里，他们对路易十六失望极了，失望过后便是愤怒。

1789 年 7 月 12 日，巴黎出现了大规模的群众示威游行。第二天，巴黎民众中出了一个名叫德姆兰的年轻人，他提起了一百多年前的针对新教徒的血腥镇压，最后他号召人们拿起武器和专制主义做斗争。德姆兰的这番话轻易地挑起了巴黎民众的怒火，人们纷纷闯进武器库寻找弹药和枪支，直接和来自德国、瑞士的雇佣兵打了起来。这些国王的雇佣兵被打得连连败退，仅仅一个晚上，巴黎群众就占领了巴黎的大部分地区。

7 月 14 日，巴黎民众涌到巴士底狱附近，他们的目标就是攻克这座具有专制象征意义的监狱。巴士底狱最初的作用是军事城堡，围墙很厚，是易守难攻之地。不过愤怒中的巴黎民众根本顾不上这些，他们听说巴士底狱里有许多武器，最重要的是里面驻扎有国王的军队。

面对黑压压的人群，守在巴士底狱的士兵立刻开火。这时，起义军才意识到，想要攻克巴士底狱，就必须借助大炮。起义军找来了一门炮火猛烈的大炮和炮手。在炮火的猛烈攻击下，守卫巴士底狱的士兵只能选择投降。

巴士底狱被攻克的消息立刻在法国传播开了，法国人开始以巴黎起义军为榜样，建立了国民自卫军。这时，国王只好向巴黎民众低头，并承认了制宪议会的合法性。制宪议会很快就通过《人权宣言》向欧洲所有国家宣布了平等和自由的原则。1790 年 6 月，制宪议会再次抛出一个重磅炸弹，废除了贵族的头衔和所享有的权利。

1791 年 6 月 20 日，路易十六在逃出巴黎时被抓住。路易十六被关进了监狱，这时他才利用空闲时间阅读伏尔泰、卢梭等人的著作，并发出了“伏尔泰、卢梭使法国灭亡”的感叹。就在路易十六读书时，起义军的领袖们正在商量着如何处理国王。

许多人都觉得路易十六逃跑是为了避免改革，根本不打算放弃手中的权力，于是在激进领袖的建议下，路易十六被送上了断头台。路易十六的王后玛丽因为向奥地利国王透露军事机密而被判处死刑，并在同年 9 月被处死，临死前她曾嘱咐儿子不要报仇。这位年仅 8 岁的小王子则被囚禁起来，两年后死在监狱中。

路易十六死后，法国的统治者变成了雅各宾派的罗伯斯庇尔。雅各宾派的领袖大多数是激进分子，在推翻吉伦特派的统治后，依旧卖力地清除国民公会（大革命时期的最高立法机构）中的吉伦特派，其中最著名的代表人物便是马拉。

在群众的心中，马拉是个称职的革命家，颇受爱戴。但马拉掌握大权后却杀死了不少反对者，只要有人反对他，他就会想办法把对方的名字添到死亡名单上。法国著名化学家拉瓦锡就是被马拉害死的，因为拉瓦锡批评了马拉所支持的“燃素论”，从而遭到了马拉的记恨。

1793 年 7 月 13 日，马拉被人暗杀。杀死马拉的是名女子，她叫夏洛蒂·科黛。科黛认为马拉就是个刽子手，把许多人送上了断头台，她觉得只要马拉活着，法国就永远得不到安宁，他会利用手中的权力杀更多的人。

科黛带着这种想法来到了巴黎。到达巴黎后，科黛便到处打听马拉的住处。到了 7 月 13 日这一天，这是她来到巴黎的第三天，她买了一把小刀，然后来到了马拉的住处。当时的马拉正告病在家，他患有严重的皮肤病，只有浸泡在含草药的水中才能得到缓解。

科黛的到来引起了马拉情人西蒙妮的警惕，她拒绝让科黛进门。前两次，科黛都自觉离开了。但第三次，科黛说什么也不走了，反而和西蒙妮发生了争吵。两人的争吵声惊动了正在泡澡的马拉。马拉一听说科黛带着吉伦特派的情报，就立刻放科黛进来。

马拉记下了科黛所呈报的吉伦特派的名字，然后随口说了句："几天后，这些人都会被送上断头台。"这句话立刻让紧张的科黛意识到，面前这个男人是个大魔头，她拿出了小刀，迅速地刺入马拉的胸膛。马拉甚至来不及反应就死了。

杀死马拉后的科黛显得很平静，她没有逃走，而是一边看着西蒙妮哭泣，一边等着被逮捕。科黛被关进了监狱，许多雅各宾派的政要听说马拉被刺杀的消息后，立刻到监狱中去见科黛，想要看看杀死马拉的到底是何方神圣。但这些人却只看到了一个神色正常的年轻女子。

最初，雅各宾派猜测科黛可能是吉伦特派派来的杀手。但通过调查，他们发现科黛与吉伦特派没有任何关系。科黛随身携带的物品也很平常，有出生证、旅行证和手表。还有针线，这是科黛特意为自己准备的，防止在被抓捕时扯破衣服。

在审判过程中，科黛也表现得非常平静。在被问到杀人动机时，科黛回答说：“为了共和国的安宁。”当法官质疑她是个老练的杀手时，科黛立刻反驳，她觉得自己被侮辱了。

马拉的死直接导致了雅各宾派恐怖政策的实施。成千上万人都被送上了断头台，就连罗伯斯庇尔本人也被送上断头台。罗伯斯庇尔死后，热月党人（反对雅各宾派的人）推翻了国民公会，成立了督政府，法国政局开始变得稳定起来。不久之后，一个青年将军拿破仑·波拿巴脱颖而出，推翻了督政府的统治。

## 乡巴佬的逆袭——拿破仑·波拿巴

罗伯斯庇尔虽然是法国大革命时期的重要领袖之一，但却因为恐怖政策而饱受争议，在他统治时期，许多无辜的人被送上断头台。在雅各宾派统治时期，一个名叫拿破仑·波拿巴的年轻军官因为击败了保王党势力和英军而受到了罗伯斯庇尔等人的赏识。刚刚崛起的拿破仑有“马背上的罗伯斯庇尔”之称。

在拿破仑的独裁统治下，法国发动了多次战争，死了不少士兵。在拿破仑战争中死亡的人数要远远高于被罗伯斯庇尔送上断头台的人数，但在法国人的心中，拿破仑却是英雄般的存在，人们似乎渐渐淡忘了他同时也是独裁者的身份。相反，罗伯斯庇尔则留给了人们暴君的印象。

热月政变后，督政府成立，成了法国的最高权力机构。而拿破仑这个与罗伯斯庇尔关系密切的青年将军则被送去接受调查，后来他因为拒绝服兵役，而被免去了军衔。

督政府的领袖们虽然不似雅各宾派那样激进，但都是无能之辈，尤其无法镇压保王党势力的叛乱。为此，督政官只好请拿破仑出山。拿破仑一出马，立刻成功镇压叛乱的保王党，这下更衬托了督政府的无能。作为军界一颗冉冉升起的新星，让人很难想到，拿破仑曾被人嘲笑为“乡巴佬”。

1769年，拿破仑出生在法国东南面的科西嘉岛上。幼年时期的拿破仑自认为并不是法国人，希望有一天科西嘉能脱离法国的统治获得独立。

9岁时，拿破仑离开了科西嘉，到异地求学。按照父亲的要求，拿破仑进入了一所军校。在这里，拿破仑因为身材瘦小总是被其他同学欺负，还因为来自殖民地科西嘉，被称为“乡巴佬”。不过由于努力，拿破仑渐渐获得了同学们的尊重，并在1789年以优异的成绩毕业。

毕业后，拿破仑开始到巴黎求学。拿破仑16岁时，接到了一个噩耗，他的父亲去世了。这下，拿破仑那贫寒的家境变得更加糟糕，他不得不提前毕业。虽然拿破仑不得已放弃了学业，但却从未放弃学习。他在部队服役的空闲时间，总会阅读各种书籍，尤其喜爱亚历山大的战史。在启蒙运动的影响下，拿破仑也开始阅读思想家的作品，其中卢梭的思想深深影响了他。但在拿破仑成为皇帝后，他便开始斥责卢梭的思想和作品。

大革命爆发后，拿破仑觉得科西嘉独立的时机到了，立刻赶往科西嘉，最后却失败了。不过像拿破仑这样的军事天才，迟早会在这种风云变幻的时代崭露头角。

拿破仑在协助督政府镇压保王党叛乱后，立刻受到重用。在

1797 年 3 月 2 日，拿破仑被任命为总司令，到意大利打仗。拿破仑击败了奥地利，并胁迫奥地利签订了对法国有利的条约。这场胜仗，让拿破仑获得了法兰西英雄的称号，但同时也让他为督政府所忌惮。

在督政府的安排下，拿破仑被派往中东地区，用以遏制英国海军的势力。拿破仑倒也对得起英雄的称号，在 1798 年一举拿下埃及。但法国舰队却没这么骁勇善战，被英国海军击败，只能到埃及躲避。

拿破仑倒也没想与英国海军一较高下，而是进军叙利亚。拿破仑的军队虽然击败了土耳其军队，但却因为瘟疫和补给等问题遭受了不少损失，无法继续攻克阿克尔城，这也成了拿破仑的终身遗憾。

1799 年，拿破仑匆匆赶回巴黎。他得到消息，反法同盟已在欧洲形成，国内的保王党势力也有死灰复燃之势。回到巴黎后，拿破仑在群众和军队的拥护下，发动了政变，由于政变时间是 11 月份，正值法国的雾月，因此也被称为雾月政变。这下，拿破仑就成了法国的统治者。

接下来，拿破仑便开始着手打仗，向反法同盟开战。1800 年，拿破仑的军队首战告捷，击败了奥地利。两年后，拿破仑与英国签订了停战协定。但这只是短暂的休战而已，很快，英法就因利益争夺再次开战。

不过此时的拿破仑却正忙着加冕称帝。在加冕称帝的仪式中，拿破仑做出了一个意外举动，他主动拿走了教皇手中的皇冠，然后戴在自己和皇后约瑟芬的头上。在他看来，他所有的一切都是自己奋斗所得，而不是教皇赐予，自然用不着教皇给自己戴上皇冠。

皇冠还没戴习惯，拿破仑就又外出征战了，这一次他瞄准了英国海军。为了击败英国海军，拿破仑不仅制定了详细的作战计划，还找来了许多有海战经验的军官。但拿破仑毕竟不擅长海上作战，再加上对手是海上霸主英国，这场战争以法国的失败告终。虽然英国海军的指挥官战死，但法国的指挥官也被俘虏了。最重要的是，法国的舰队基本被英国海军消灭了。这下，法国已经被英国从海面上踢了出去，拿破仑只能选择从陆地上征服英国。但英国却早就做好了准备，和奥地利、俄国等国家结成了反法同盟。

奥地利和俄国联军为了消除法军对英国的威胁，立刻进攻法国军队，但却被拿破仑击败。在下一场战役中，拿破仑的军队再次击败奥俄联军。这次失败，让奥地利颜面尽失，还被拿破仑剥夺了神圣罗马帝国的称号。

一连串的胜利让拿破仑志得意满，但也坚定了欧洲各国的反法决心。1806 年，普鲁士也加入到了英俄的反法同盟中，毕竟拿破仑的军队已经威胁到了普鲁士。可拿破仑根本不在意普鲁士的那两个靠山，反而觉得是时候把普鲁士收归麾下了。在这场战争中，普鲁士损失惨重，就连首都柏林也被法军占领，逼得国王和王后匆忙逃命。

1807 年 6 月，拿破仑率兵击败俄国军队。随后，拿破仑便与沙皇亚历山大一世见面，并商讨和约。作为战败国的俄国只能答应拿破仑对英国实施的经济封锁，并站在了英国的对立面。

此时的法国已经成为欧洲的霸主，拿破仑开始为家族成员安排职务，他的几个弟弟还因此成了国王。拿破仑的此举引起了许多欧洲国家的不满，尤其是拿破仑实施的征兵政策更让欧洲诸国难以接受。

1808 年，拿破仑趁机入侵西班牙，并胁迫西班牙国王让位给他的哥哥约瑟夫。随后，西班牙便爆发了大规模的起义。起初，拿破仑根本没把这场暴乱放在眼里。但西班牙游击队的战斗力却让拿破仑不得不亲自前去指挥作战。这时，英军立刻插了一脚，英国早就不满于法国的经济封锁。在英军的帮助下，再加上奥地利的小动作，拿破仑只好撤出西班牙，转而收拾奥地利。

打败奥地利后，拿破仑为了防止奥地利再次成为法国的对立面，便想到了联姻的办法，他决定娶奥地利公主玛丽·路易斯为妻，至于约瑟芬，拿破仑已经与她离婚，不过还是保留了约瑟芬皇后的尊号。

统一欧洲一直是拿破仑的梦想，这时的欧洲基本已经被拿破仑踩在了脚下，但英国却是个例外。法军在与英军交战时，取得的胜利十分有限。拿破仑认为，想要征服英国，就必须先收拾俄国，防止英俄结成同盟。

1812 年 5 月，拿破仑率军踏上了征服俄国的道路。到了 9 月份，拿破仑已经占领了俄国首都莫斯科，但却没抓到沙皇，原来亚历山大一世早就带人撤退了。拿破仑只好待在莫斯科等亚历山大一世主动投降。他没有等到沙皇的投降，反而等来了俄国酷寒的严冬。寒冷的气候再加上物资的匮乏，在接下来的几场战役中，法军都没讨到便宜。

趁着法军在俄国的失败，反法同盟再次成立。经过一系列战役后，拿破仑深感法军不是同盟军的对手，便宣布投降，他虽然还保留着皇帝的称号，但却被流放到了一座小岛上。

1815 年，卷土重来的拿破仑立刻遭到反法同盟的反对。面对声势浩大的同盟军，拿破仑决定从英普联军下手。在击败普鲁士的军队后，拿破仑的军队在滑铁卢村与英军相遇，当时英军的指挥官是威灵顿公爵，领军作战能力不亚于拿破仑。

就在双方不分胜负的时候，普鲁士的援兵突然出现了。这下，拿破仑的军队必败无疑了。滑铁卢战役的失败让拿破仑丧失了东山再起的资本，他不仅被剥夺了皇帝的尊号，还被流放圣赫勒拿岛。

在圣赫勒拿岛上的拿破仑除了回忆往日的峥嵘岁月外，还开始着手编写回忆录。在他的回忆录中，他提到了《拿破仑法典》，并认为这部法典是他最自豪的成就，远超以往在战场上获得的胜利。

## 反抗意识的觉醒——1848 年革命

1848 年 2 月 22 日，巴黎街头出现了暴动，街上到处是工人和学生，他们一边高唱着《马赛曲》，一边进行暴动。示威者这么做的目的是逼迫法王路易 · 菲利普实施改革，从而改变目前贫困的生活状况。

随着资本主义在法国的发展，资本家变得越来越有钱，农民和工人反而变得更加贫困，再加上农业歉收等灾难，底层群众越来越不满于路易·菲利普的统治，便开始呼吁改革。在1847年，反对者们聚集在一起，决定以宴会的形式向路易·菲利普施压，希望能换来政治改革。

路易·菲利普在得知这种宴会的存在后，立刻下令禁止宴会的举行。这种禁止的命令让工人和学生的愤怒一触即发，到了1848年，革命爆发的迹象越来越明显，直到2月22日，法国二月革命爆发，并再次在整个欧洲引起震动。

2月23日，国民卫队接到命令，上街维持秩序。但国民卫队却对执行命令产生了动摇，反而加入到暴动的群众中，想必国民卫队的军饷少得可怜。

这时，路易·菲利普才意识到局势的严重性，这次的暴动不是以前的小打小闹的起义，而变成了革命。路易·菲利普立刻开始安抚暴动的群众，希望能保住国王的位子。但路易·菲利普的支持者却寥寥无几。

路易·菲利普在天主教会等正统主义者的眼中，就是个乱臣贼子，他不是波旁王朝的继承者。而在拿破仑的粉丝眼中，路易·菲利普则是个窝囊废。路易·菲利普自从登上王位后，便开始以“平民国王”自居，不仅个人生活很保守、简单，就连在外交上，也非常保守和拘谨。这让许多人都觉得路易·菲利普是英国等国的讨好者，有损法国的面子。相反，拿破仑的粉丝们却觉得，拿破仑就是法国荣誉的象征，是法国的大英雄。

在拿破仑光辉的笼罩下，路易·拿破仑·波拿巴（拿破仑侄子）在这场革命中成了共和国总统。至于路易·菲利普则被迫放弃国王之位，逃到英国避难。但法兰西第二共和国并没有维持多长时间，就被路易·拿破仑·波拿巴（拿破仑三世）改成了法兰西帝国，恢复了帝制。

法国二月革命在欧洲引起了一场革命风暴，许多国家的民众的反抗意识好像一夜之间觉醒了一般，纷纷采用起义的方式逼迫统治者进行改革。

1848 年 2 月 29 日，慕尼黑的工人和学生举行起义，占领了军械库，逼迫国王退位。到了 3 月 18 日，德意志联邦中的普鲁士也爆发了起义，许多人占领了整个王宫广场，逼迫国王同意进行制度改革。当时的普鲁士国王是腓特烈·威廉四世，他在成为国王后，就放宽了对自由主义者活动的限制。但这些举措远远无法满足人们渴望改革的胃口，在法国二月革命爆发后，普鲁士的群众也开始效仿法国人，通过暴力手段让国王就范。腓特烈·威廉四世为了保住王位，不得不做出让步，不仅同意进行改革，还在群众面前向烈士脱帽致敬。

革命在普鲁士的胜利，立刻在整个德意志联邦中传播开来，到了 1848 年 5 月份，许多人怀揣着民主和平等的梦想来到了法兰克福，很快国民议会就开始了。这场会议一直拖到了 1849 年 4 月份才算结束，议会诞生了一部联邦宪法，并推选出了德意志皇帝的人选，那就是普鲁士国王腓特烈·威廉四世。

面对突如其来的“馅饼”，腓特烈·威廉四世不仅没有感到惊喜，反而害怕遭到其他联邦国的反对，最后腓特烈·威廉四世拒绝了。腓特烈·威廉四世的回绝意味着他不支持新诞生的宪法，毕竟宪法限制了国王的权力，按照规定国王不再拥有对法案的否决权。很快，这些推行新宪法的自由主义者便遭到了普奥联军的镇压，他们只能纷纷逃往美国避难。

奥地利的民众也在法国二月革命的影响下爆发了革命，在1848年3月13日举行了示威游行，逼迫政府接受民主改革。来势汹汹的示威人群让奥地利皇帝吓坏了，虽然派出军队镇压，但军队根本不是起义军的对手。最终，奥地利皇帝只能同意开除首相梅特涅。梅特涅当时已经75岁了，只能拖家带口地到英国避难。后来，就连奥地利皇帝本人也不得不逃出维也纳。最终，新任皇帝只能同意接受一些自由、平等的政策，以平息众怒。

1848年被称为“革命年”，这场革命虽然波及了整个欧洲，但最后却以失败告终。起义军虽然占据了优势，但随着政府军的反扑而被粉碎，到了1849年，起义军基本上已经被消灭。

虽然革命的结局是失败的，但却产生了深刻的影响。人们开始接受自由、平等的观点，像君权神授、贵族特权等观点已经渐渐被人们所抛弃。人们的革命梦想虽然没有实现，但却争取到了部分的自由，例如农奴制的废除。另外，1848年革命对于一些国家而言还出现了意想不到的收获。在法国，二月革命结束后，波旁王朝的势力再也不可能重新崛起。在德意志和意大利，统一的步伐加快了。

在1848年革命中，除了改革的需求外，还掺杂了一些民族主义的因素，例如匈牙利革命。在匈牙利，马扎尔人所享有的贵族特权引起了群众的不满。在拉约什·科苏特的带领下，匈牙利开始实施一些平等、自由的政治制度。在整个革命的过程中，民族主义者和自由主义者产生了许多分歧。不过这种分歧很快便消失了，因为俄国接到了奥地利政府的求救，在帮助奥地利政府镇压起义的过程中，顺便解决了匈牙利的起义军。

# 独裁者的败亡——克里米亚战争

1825 年 11 月 17 日，俄国的沙皇亚历山大一世去世了。亚历山大一世没有留下子嗣，按照规定，应该由康斯坦丁继位。但由于康斯坦丁的妻子是波兰人，他便只能在江山与美人之间选择一个，康斯坦丁选择了老婆。这下，沙皇继承人就成了尼古拉。在亚历山大一世的密诏中，尼古拉也享有继承权。

但在大臣们的心中，合法的继承人是康斯坦丁。在大臣们的拥戴下，康斯坦丁便只能公开表示，他不愿意当沙皇，尼古拉更适合成为沙皇。这时，尼古拉也客气起来，表示自己没有资格成为沙皇，康斯坦丁才是合法继承者。

就在两人相互谦让时，一些高级将领倒不客气，策划了一场政变，想把皇室成员都关押起来。后来，他们又临时改变了主意，逼迫尼古拉放弃继承权，让康斯坦丁成为沙皇。但前提条件是，康斯坦丁必须在俄国实施一系列改革。

在这时，尼古拉已经继位成了沙皇。在高级军官们发动政变时，尼古拉并未马上派兵镇压，他刚刚上任不久，不想动用武力，希望能通过谈判解决问题。发动政变的高级军官也没想把沙皇逼到绝境，只希望尼古拉能答应废除农奴制等条件。由于尼古拉并未答应，双方之间就僵持不下了。

到了晚上，尼古拉不想再拖延下去，也不想退位和改革，便只能派军队镇压。尼古拉命令军队向广场上参与政变的人群开炮，那些人毫无准备就死在了炮火下。这场政变以尼古拉的胜利而告终。事后，尼古拉展开了疯狂的报复，杀掉了一切具有新思想的人。

尼古拉是个典型的贵族，从小就接受了良好的教育，是个虔诚的东正教徒。他在成为沙皇后，十分勤快，每天都会工作很长时间。此外，尼古拉还是个知人善任的沙皇，在他的统治下，许多有治国才能的人都能发挥所长。

同时，尼古拉还是个独裁者，他对军队有着谜一样的依恋，从小就阅读了很多和军事有关的书籍。在尼古拉成为沙皇后，他便把军中的那一套带到了处理朝政中，讨厌和大臣们进行协商，更喜欢按照自己的意思下命令。在尼古拉的周围也大多是军人，而且都是他的心腹。尼古拉的日常生活也遵守着严苛的军纪，一切都安排得一丝不苟，几近于刻板。

这样一个独裁沙皇，当然会有扩张版图的野心，恰恰这时，土耳其奥斯曼帝国已经衰落了，这便成了尼古拉向欧洲扩张的一条路径。在尼古拉看来，土耳其奥斯曼帝国已经死亡了，剩下的便是和欧洲强国一起商量着把这块土地给瓜分了，最好是能得大头。

放眼望去，尼古拉决定首先跟英国搞好关系，希望英国不要插手土耳其的事情。虽然英国和俄国的关系不错，但英国却觉得尼古拉的胃口太大了，而且英国并不想让土耳其消失，这样便能保证英国在印度的利益。

在一次土耳其和埃及的战争中，埃及由于有法国的帮助，打败了土耳其，土耳其便只能向俄国寻求帮助。俄国答应做土耳其的保护者，但前提是土耳其保证一些海域向俄国无条件开放。

这个条件让英国很不满，英国就在第二次土埃战争中，介入其中。这下，土耳其便只能签订《海峡公约》。这是个专门针对俄国的约定，取消了俄国能随意进入黑海的权力。这笔账就被尼古拉记在了心里。

1850年，法国又插了一脚，要求土耳其恢复法国保护圣地教堂的权力。这是一个让土耳其十分为难的要求，不论是法国还是俄国，土耳其都得罪不起。其实，这只是法国皇帝拿破仑三世在故意找碴儿，想要借机挑起战争。这样，俄国与英国等国的盟友关系就会破裂。至于限制法国的同盟条约，也就作废了。

尼古拉倒是没考虑那么多，想着打败法国应该不是问题，毕竟拿破仑就曾在与俄作战中栽了跟头，至于拿破仑三世，尼古拉不认为他会比拿破仑更擅长打仗。至于英国等欧洲强国，尼古拉觉得这些国家应该会保持中立。

土耳其有了英法等国的支持，态度也变得强硬起来，不再把俄国放在眼里，拒绝了俄国所提出的条件。这下，俄国便与上耳其切断了外交关系，并在1853年10月16日，正式向土耳其宣战，克里米亚战争爆发了。

锡诺普海战以俄国战胜土耳其而告终，这意味着英法两国要介入到克里米亚战争中了。不过，英法两国并不想这么快与俄国撕破脸皮，便只是派舰队为土耳其海军保驾护航。1854年2月6日，俄国首先宣布与英法断交。尼古拉相信，英法不敢太嚣张，毕竟他可以在欧洲找到普鲁士、奥地利这样的同盟国。但普鲁士压根没想为俄国提供帮助，只保持中立。至于奥地利，几个月后就与俄国站在了对立面。

面对奥地利的背叛，心灰意冷的尼古拉妄自菲薄道："我真是世界上最大的傻瓜，居然妄想别人能知恩图报。"在尼古拉看来，奥地利皇帝弗兰茨·约瑟夫就是他的好兄弟，毕竟他曾出兵帮助过奥地利，在普奥产生矛盾时，尼古拉也选择了帮助奥地利，而没有中立，这让尼古拉遭到了普鲁士的记恨。在克里米亚战争中，普鲁士能选择中立，已经让尼古拉很满意了。

弗兰茨·约瑟夫的背叛，为奥地利获得了不少利益，但却得罪了俄国，从那以后，俄奥两国友好的外交关系彻底破裂了。在英法等国的眼中，弗兰茨·约瑟夫便成了一个小人，居然没什么损失，就获得了那么多好处，典型的不劳而获。

在斯里查要塞围攻战中，俄军被击败，损失严重。这时，正在维也纳的弗兰茨·约瑟夫出面了，希望双方能停战，毕竟英法两国的目的已经达到。但不论是俄国还是英法联盟，都不想停手。尼古拉不甘忍受战败的屈辱，而英法联盟则想趁热打铁，把俄国赶出黑海。

英法联军对自身的战斗力很有信心，英国的海军很厉害，法国则是陆军占优势。但在围攻塞瓦斯托波尔时，英法联军遭到了俄军的顽强抵抗，英国海军损失惨重，就连法国的弹药库也被俄国的炮火摧毁。不过，俄军的损失也不小，就连中将都阵亡了。在之后的战斗中，双方谁也没有讨到好处，反而都蒙受了巨大损失。这时，英法联军就有了停战的念头，到了1855年3月份，传来了尼古拉去世的消息。这样一来，和谈就更有希望了。

克里米亚战争是第一场现代战争，除了新式线膛步枪、蒸汽动力战舰、铁路、无线电通信等科技发明在战争中的应用，还出现了野战医院和战地记者。除此之外，香烟也在克里米亚战争中出现，并得到了许多士兵的喜爱，被大量生产。吸烟有害健康，虽然已成为妇孺皆知的常识，但香烟在克里米亚战争中缓解了士兵的焦虑和压力，让士兵的反战情绪得到缓冲。

这场战争一共造成了50多万人丧生，但却只有一小半士兵是阵亡的，一大半士兵都死在了疾病上。除了潮湿、小昆虫和吸血虫等健康隐患外，还有霍乱这种杀伤力极强的瘟疫。霍乱最初出现在法国军营里，后来便开始蔓延到英国军营。当局采用了焚烧的方式控制霍乱，烧掉了很多军需用品，但就算如此，也没有阻止霍乱的肆虐。除了疾病外，营养不良也是致命的杀手，这充分暴露了后勤的重要性。如果后勤能得到保障，死亡人数一定会少许多。例如弗罗伦斯·南丁格尔对野战医院卫生条件的改革，就提高了养伤士兵的存活率。在克里米亚战争结束后，南丁格尔回到了伦敦，并在那里创建了第一所护士学校。

## 打开潘多拉的盒子——俄国农奴制改革

身为沙皇的长子，亚历山大必定要被当作继承人来培养，不论是尼古拉，还是俄国宫廷，都十分看重对亚历山大的教育。与所有的前任沙皇相比，亚历山大接受了最好的教育。

尼古拉是个看重军事统治的沙皇，他认为一个沙皇想要统治好俄国，就必须成为一个标准的军人。在尼古拉的教育下，亚历山大受到了良好的军事教育。但这并不意味着亚历山大落下了文化课，他同时还接受了良好的文化思想教育，他的老师是俄国当时最著名的学者茹可夫斯基。茹可夫斯基不同意尼古拉的那一套，他觉得按照尼古拉的教育，俄国会变成沙皇的军营。在著名学者与独裁沙皇的拉锯战中，亚历山大同时吸收了两方面的思想。

在茹可夫斯基的陪同下，亚历山大开始到俄罗斯各个地区进行考察。对于俄国各级官员来说，亚历山大可是未来的沙皇，他们用能想到的所有办法讨好亚历山大。就算如此，亚历山大还是看到了社会底层的生活状态。这或许也是他成为沙皇后废除农奴制的一个原因。

除了俄国外，亚历山大还曾到欧洲去旅行，在英国、丹麦等国增长了不少见识。不过，亚历山大却没有到法国去考察。这是尼古拉的命令，他对法王路易·菲利普不满，便不让儿子到法国去。

但在欧洲游历时，亚历山大曾偷偷到巴黎欣赏歌剧，在歌剧院里，亚历山大与 15 岁的普鲁士公主玛丽相遇并一见钟情。回到俄罗斯后，亚历山大就把想要迎娶玛丽的想法告诉给了父亲尼古拉。征得尼古拉的同意后，玛丽来到了俄国。1841 年，亚历山大与玛丽在莫斯科举行了一场盛大的婚礼。玛丽不仅成了东正教徒，还改了名字。这些都让玛丽赢得了俄国宫廷的好感。

1865 年，亚历山大与玛丽的感情出现了裂痕，亚历山大看上了年轻貌美的多尔戈鲁斯卡娅。起初，亚历山大也想压抑这份感情，不过却没成功。在玛丽去世后，亚历山大立刻与多尔戈鲁斯卡娅秘密举行了婚礼。在亚历山大看来，能与多尔戈鲁斯卡娅结婚，是一种幸福。他还向上帝祷告，希望这份幸福能长久。

在亚历山大死后，多尔戈鲁斯卡娅剪下了一撮头发放在了亚历山大的灵柩中，以表达对亚历山大的爱意。不过亚历山大的儿子却很不喜欢这个女人，在继任沙皇后，就把多尔戈鲁斯卡娅赶出了俄国。多尔戈鲁斯卡娅只能到法国去生活，那里有亚历山大留给她的住宅。

克里米亚战争的惨败，不仅让亚历山大失去了父亲，同时也让亚历山大看清楚了俄国与西欧等国的差距。亚历山大开始觉得，想要改变俄国落后的现状，就必须实施改革，改革路上的第一个绊脚石便是农奴制。

其实在尼古拉在位期间，亚历山大就意识到了农奴制的落后。从亚历山大 19 岁时起，尼古拉便开始让他参与处理政务。在此期间，亚历山大便意识到社会和政治制度改革的必要性。

农奴制把俄国的大部分劳动力都绑在了土地上，不仅农奴生活困苦，还阻止了资本主义的发展。不过农奴制却是沙皇统治的根基，同时也是贵族、官僚效忠沙皇的利益纽带。在彼得一世和叶卡捷琳娜二世在位期间，他们也实施了一系列改革，但都没碰农奴制这个雷区。在历任沙皇看来，农奴制就是一个不能打开的潘多拉的盒子，会威胁沙皇的统治。

在尼古拉去世后，亚历山大继位为沙皇，被称为亚历山大二世。此时的亚历山大二世所接手的是个危机四伏的落后国家，他想要让俄国强大起来，就必须去打开这个潘多拉的盒子。

1861 年 3 月，亚历山大二世开始了改革。虽然农奴制的废除让农奴获得了自由，但却没有获得经济上的自由，农奴想要获得土地，就必须掏钱，可问题是钱都在封建贵族那里。不过身为自由人的农奴却可以选择开垦荒地，从而获得经济上的自由。虽然亚历山大二世有改革的决心，但也不想得罪封建贵族。

就算如此，亚历山大二世的改革还是遭到了封建贵族的反对。

这也在亚历山大二世的预料之中，毕竟改革触犯了贵族的利益。

封建贵族们为了阻止沙皇进行改革，想到了许多理由，例如国库空虚。这是克里米亚战争后所遗留的问题，但封建贵族却全都怪罪到农奴制改革上。

在所有的反对者中，最让亚历山大二世意外的是改革派。在亚历山大二世的改革中，除了废除农奴制外，还有一些教育、文化思想的改革，亚历山大二世放宽了对大学和思想社团的管制，不仅允许除贵族外的人接受高等教育，还创立了公共博物馆和电讯社等。这让具有改革思想的人聚集在一起，结果他们便开始反对沙皇的统治，最后演变成了恐怖袭击。

这群革命者每天都在琢磨着刺杀沙皇。1881 年 3 月 1 日，亚历山大二世所乘坐的马车被恐怖分子投掷了一枚炸弹。但这枚炸弹并未伤到亚历山大二世，反而炸伤了卫兵和车夫。如果此时，亚历山大二世能老实待在马车内，或许就能躲过一劫。但亚历山大二世却不顾众人反对，执意下车看望卫兵的伤势。结果亚历山大二世没有躲过第二枚炸弹，这枚炸弹在他的脚下爆炸，亚历山大二世被炸断了双腿，后因治疗无效而死亡。

亚历山大二世的死亡，让俄国许多贵族看到了阻挠改革的势力多么强大。此后的沙皇都没有勇气像亚历山大二世一样实施改革，亚历山大二世的改革措施也随着他的去世而中断。虽然亚历山大二世的改革没有阻止罗曼诺夫王朝的覆灭，但他却获得了“解放者”的称号。

# 三杰组合——意大利统一

1861 年 3 月，意大利完成了初步的统一，建立了意大利王国。在随后的几年时间里，意大利把本国土地上的外国人纷纷赶了出去，最终完成了统一。意大利未统一前，曾是外国人的天下。意大利中部和北部，是奥地利的地盘。南部的西西里地区则被西班牙人控制着。后来，法国也插了进来，在帮助神圣罗马帝国镇压革命后，就留了一支军队在罗马。在普法战争爆发后，法国才召回了这支军队，意大利人才顺利地占领了罗马，意大利的统一才算真正完成。

这样一个从中世纪开始就四分五裂的国家能完成统一，除了当时特殊的国际政治环境外，还得益于三个人，他们便是朱塞佩·马志尼、朱塞佩·加里波第和卡米奥·德·加富尔。这三个人在意大利的统一过程中，分别起到了不同的作用。有历史学家曾总结道："意大利的统一归功于三个人，马志尼的思想、加里波第的剑、加富尔的外交。"当然，除了这三个意大利人外，还有一个外国人，也起到了十分关键的作用，他就是拿破仑三世。

1830 年，马志尼成了一名烧炭党。烧炭党是意大利人自发组织形成的一个革命团体，目的是赶走侵略者，完成意大利的统一。烧炭党成员因为总是躲避在烧炭山区而得名。一年后，马志尼因遭人出卖而被逮捕，被驱逐出意大利。在 1831 年 4 月份，马志尼来到了法国马赛。这里聚集着大量的从意大利逃亡出来的热血青年。8 月份，马志尼建立了青年意大利党，这个组织后来取代了烧炭党。青年意大利党的宗旨是，把侵略者赶出去，并建立起一个自由、独立、统一的资产阶级民主共和国。

后来，马志尼便开始想尽办法为青年意大利党进行宣传。在马志尼的努力下，到了 19 世纪 50 年代左右，意大利的青年意大利党人越来越多，意大利人越来越渴望意大利的统一和独立。马志尼的思想对意大利的统一产生了深刻的影响，可以说是马志尼给了意大利人一个独立自由的梦想。

既然有了梦想，意大利人便开始骚动起来。在 1848 年革命席卷欧洲时，许多欧洲国家的群众都在追求平等自由的政治改革，意大利虽然也在革命，不过却是反对奥地利统治的革命。萨丁尼亚王国国王卡洛·阿尔贝托首先站出来反对奥地利，不过很快就被奥地利打败，只能暂时和奥地利达成和解。

不久之后，意大利的其他地区又出现了新的变化，1849 年，罗马共和国成立了。就在欧洲其他国家还没对这个新国家做出反应时，回复元气的阿尔贝托便再次向奥地利叫板。这次，阿尔贝托依旧失败了，并让出了国王之位，他的儿子维克托·伊曼纽尔二世成了萨丁尼亚王国的国王。

罗马共和国随着法国军队的到来而被迫解体，马志尼等创建者只能逃到国外避难。很快，奥地利又重新恢复了在意大利中部的统治。罗马共和国的创建者除了马志尼外，还有一个人，他就是加里波第，是意大利统一三杰组合中唯一的将军。

加里波第出生于一个普通家庭，从小就对冒险和狩猎十分有兴趣。在 14 岁时，他便趁着在俄国帆船上实习的机会，在欧洲游历。和大部分意大利热血青年一样，加里波第也渴望着意大利的统一。不久之后，加里波第加入意大利海军，后因起义失败而被迫到南美洲的巴西避难。

在巴西，加里波第也没闲着，他加入到巴西南部共和主义的起义中，并因为屡屡得胜而获得了巨大的声望。在起义失败后，加里波第便只能逃到乌拉圭。当时乌拉圭的局势也很动荡，加里波第找到了意大利人所组织的志愿军团。

加里波第获得了指挥权后，立刻开始重组整支军队，为了提高士兵的士气，加里波第专门设计了一面新的旗帜，还费尽心思添置了统一军装。为了节约经费，加里波第的下属只能从一家肉类加工厂那里抢屠夫的工作服来当成军装。对于这种红色的屠夫装，加里波第是嫌弃的。不过很快，加里波第就习惯了，并觉得这身红色的衣服如果配上一条鲜艳的领巾会更加潇洒。这支军队后来也被称为“红衫军”，在意大利的统一中，立下了汗马功劳。

红衫军被加里波第成功动员后，便成了一支骁勇善战的军队。在被敌军包围时，即使面临着弹尽粮绝的局面，也没有一个人选择投降，最后在加里波第的带领下成功突围。1847 年 4 月 15 日，加里波第率领着一支部队回到了意大利，并加入到了阿尔贝托的队伍中。

在阿尔贝托战败后，加里波第便率领一支部队在意大利展开了游击战。起初，奥地利统帅并没把加里波第放在眼里，只当他是从南美洲偷渡来的海盗。但很快，奥地利统帅便发现加里波第与阿尔贝托不同，是个棘手的家伙，他只好从其他战线调来部队。面对大部队的围剿，加里波第只能选择撤退。

1849 年，罗马共和国成立了。但天主教国家是不可能允许这个新诞生的国家存在的，法国、奥地利和西班牙等国代表立刻在西班牙开会，并制定了一套武装干涉的计划。加里波第听到这个消息后，立刻率兵前来增援。对于加里波第这个外来人，共和国的领导层纷纷抱着怀疑的态度，并派人牵制加里波第。而且马志尼等人都希望通过和谈的方式解决问题，不希望动用武力。很快，共和国就被法军消灭了，加里波第只能继续到美洲避难，这一次他来到了美国纽约。

意大利人的第一次独立战争虽然以失败而告终，但却让一个人看到了统一的希望，他就是萨丁尼亚王国的首相加富尔。与马志尼和加里波第不同，加富尔希望通过外交手段实现意大利的统一，他的方式更为保守。

在当时，意大利最强劲的敌人是奥地利，这是意大利统一道路上最大的绊脚石。加富尔希望，英国和法国能帮助意大利人把奥地利赶出去。为了赢得英法的好感，萨丁尼亚王国还专门在克里米亚战争中支援了英法联军。不过这种讨好并没有达到预期的效果，但奥地利却让英法两国讨厌起来，奥地利在克里米亚战争中背叛了俄国，取得了不少好处，却让英法两国觉得奥地利皇帝是个不劳而获的人。

1858 年，一个名叫菲利·奥尔西尼的人感动了拿破仑三世，这直接促成了拿破仑三世与加富尔的合作。奥尔西尼是个激进的意大利民族主义者，他在行刺拿破仑三世时被捕。在接受审判时，奥尔西尼没求拿破仑三世饶过他的性命，反而恳请拿破仑三世出兵帮助意大利独立。奥尔西尼的这种做法让拿破仑三世想起了自己的那段热血岁月，他也曾是烧炭党的一分子。虽然奥尔西尼最终还是被处死了，但他却让拿破仑三世对支持意大利这件事上心了。

在这年的夏天，加富尔与拿破仑三世秘密见面，并达成了一项协议。不过想让法国出兵，就得有一个借口。加富尔为了让奥地利主动入侵想尽了办法，但奥地利就是不上当。最后，加富尔终于找到了一个机会，让法国名正言顺地派兵。第二次独立战争就这样打响了。

这场战争并没有持续多长时间，只用了一个多月的时间就匆匆结束了。对于法国的出兵，英国选择了睁一只眼闭一只眼，虽然英国人很讨厌拿破仑三世，但他们觉得奥地利皇帝更讨厌。但普鲁士却坐不住了，警告法国注意一点。除了法军外，意大利人自己的军队也在这次独立战争中起到了不小的作用，指挥作战的统帅则是加里波第，他在 1854 年已经被萨丁尼亚王国国王维克托·伊曼纽尔请回了意大利。

在第三次独立战争打响前，加里波第与加富尔产生了一些矛盾。加里波第想要通过战争的手段把侵略者都赶出意大利，便提出了远征西西里的建议。这个想法在加富尔看来是疯狂的，但考虑到远征可能有利丁意大利的统一，加富尔便没有反对。但让加富尔意外的是，加里波第的红衫军那么能打，直接解放了西西里。这在整个意大利都引起了巨大的轰动。

加里波第的胜利也让维克托·伊曼纽尔紧张起来，他和加富尔商量着，得阻止加里波第，不然得罪了法国就不好了。在加里波第准备进攻罗马时，拿破仑三世立刻向加富尔施压。

最后，维克托·伊曼纽尔下令派兵包围了红衫军。加里波第一看是自己人，就直接下令，让红衫军不要开枪。在加里波第朝政府军喊话时，他的脚被一颗流弹打中了，他本人也成了俘虏，被押送到国王那里。加里波第在与国王见面后，承认了国王的合法性，并宣誓会效忠于维克托·伊曼纽尔。

1866 年，第三次独立战争开始了，这场战争依附在普奥战争中。加富尔已经通过外交和普鲁士成了盟友。奥地利在普奥战争中的失败，让意大利又收复了一些领土。1870 年，意大利又借着普法战争的东风，收回了被法军占领的罗马，至此意大利终于完成了统一。

意大利虽然完成了统一，但加里波第的传奇人生还在继续。他率领着红衫军掺和到了普法战争中，他与普鲁士站在了对立面，而普鲁士的首相俾斯麦恰恰还是他的偶像。

加里波第趁着普鲁士与法国交战之际，占领了第戎。等普鲁士缓过神来后，立刻派出一支部队去收拾加里波第。这支普鲁士军队十分强劲，就连法军都不是对手。但普鲁士还是没能击败加里波第，反而还让加里波第缴获了一面军旗，这对普鲁士来说，可是奇耻大辱。

在普法两国和谈后，普鲁士的军队立刻在第戎集结，准备与加里波第一决雌雄。就连俾斯麦也放话："给我活捉加里波第，我要让他在柏林游街示众。"但等普鲁士军队赶到时，加里波第早就率军撤走了。

## 站在皮球上的铁血宰相——俾斯麦

德意志帝国的皇帝威廉曾在 1871 年的加冕仪式上提到了德意

志统一的三个重要人物，即罗恩、毛奇和俾斯麦。这三个人在德意志统一的过程中都起到了十分重要的作用，尤其是具有铁血宰相之称的俾斯麦。

普鲁士能统一四分五裂的德意志，在当时真的是个奇迹。与意大利不同，普鲁士在欧洲属于一个强国，如果普鲁士统一了德意志，无异于如虎添翼，势必影响欧洲其他强国的利益。但普鲁士就是在欧洲强国的注视中，统一了德意志。这得益于俾斯麦高明的外交手段，他是个把外交玩到了艺术高度的政治家。在英国有一种夸人的方式，当称赞一个人灵敏且警惕性高时，人们就会说他是个站在皮球上的人。站在皮球上是个高难度的动作，一般人可做不来。

1815年，俾斯麦出生了，他的父亲费迪南德一听说生了个儿子，十分高兴，甚至还登报报喜，毕竟费迪南德此时已经43岁了。

8岁时，俾斯麦被送入了一所新教学校学习。俾斯麦很喜欢学校所开设的击剑、游泳和体操训练等课程，对文化课却不怎么上心。在学校所给出的评价中，俾斯麦还是个很容易发火的人，比较容易情绪化。

12岁时，俾斯麦来到了一个新学校。虽然在这所学校，俾斯麦依旧无法融入到同学们之间，但却开始努力学习文化课，尤其是语言类的学习，此外俾斯麦还对历史很有兴趣。

17岁不到时，俾斯麦进入哥廷根大学学习。

毕业后，俾斯麦因为染上了赌瘾，欠下了许多债务，便只能回到家乡。在俾斯麦的家乡，他有一处庄园，但他自己却很不喜欢这样的生活，便再次回到柏林从政。这一次，俾斯麦时来运转了，他在33岁时，成了柏林议员。

腓特烈·威廉四世去世后，他的弟弟威廉亲王成了普鲁士国王。威廉一世继位后，便任命俾斯麦为内相。但俾斯麦却对这项任命十分不满，并未接受。一段时间后，威廉一世统治下的普鲁士矛盾重重，他便只能请俾斯麦担任普鲁士的首相兼外交大臣。

几日后，作为首相的俾斯麦在议会上发表了演说："演说和多数派决议无法解决重大问题，只有通过铁与血才能得到解决。"从此以后，俾斯麦便有了铁血宰相这个称号。成为首相后，俾斯麦便开始策划着如何让普鲁士统一德意志。

与意大利统一一样，普鲁士同样面临着奥地利这个绊脚石。普鲁士和奥地利都是有能力统一德意志的国家，但在统一的问题上，却有两种解决方式。第一种方式就是吞并奥地利，把奥地利并入德意志帝国中。第二种方式便是把奥地利排除在外，吞并其他的小公国，建立一个除奥地利外的德意志帝国。

俾斯麦和威廉一世选择了第二种统一的方式，不仅容易实现，更重要的是这样更容易掩人耳目，在欧洲，英法等国是不可能允许普鲁士把奥地利吞并掉，那样就会出现一个更强大的帝国，会是一个强劲的对手。

对于奥地利这个障碍，俾斯麦并未马上着手解决，而是选择和奥地利联手，从丹麦手中夺回了两个小公国。这场普丹战争就是小打小闹，从一开始就决定了丹麦的失败。俾斯麦完全可以选择不和奥地利联手，依照普鲁士的实力，绝对能从丹麦手中夺走这两个小公国，就连把丹麦灭掉这个能力也是有的。但俾斯麦的目的并不是丹麦，也不是那两个小公国，而是让奥地利挑起战争。在普丹战争结束后，普奥两国在分赃时，俾斯麦留下了富庶的地区，给奥地利的土地却只是一些贫瘠狭小之地。这让奥地利十分不满，不过俾斯麦要的就是这种效果。

与此同时，俾斯麦还在四处打点，防止普奥战争爆发后，英国和法国介入其中。在确保英法两国中立的前提下，普鲁士还拉上了意大利，让意大利同时打响独立战争，从而牵制住一部分奥地利兵力。1866 年 6 月，威廉一世宣布对奥地利作战，借口便是奥地利毁约。

普奥战争对普鲁士来说，胜利基本在望。奥地利虽然还站在强国的行列中，但已经很勉强了，是个外强中干的国家，根本无法与作为后起之秀的普鲁士相比。这场战争体现了“兵贵神速”的战术。与奥地利相比，普鲁士的铁路线可以帮助其尽快完成军队调动。奥地利在调集军队时，普鲁士已经摆好阵形了。

击败奥地利的消息传到普鲁士后，许多俾斯麦的反对者纷纷开始对他刮目相看，就连自由党人也开始敬佩起这个保守的政治家。普奥战争的胜利让许多怀揣着统一德意志梦想的人看到了希望，同时也被胜利冲昏了头脑，就连普鲁士国王威廉一世也是如此。

许多人开始劝威廉一世乘胜追击，干脆吞并奥地利得了。威廉一世也蠢蠢欲动，毕竟奥地利看起来那么不堪一击。关键时刻，俾斯麦是冷静的，他以自杀的方式成功阻止了威廉一世吞并奥地利的企图。这倒不是因为俾斯麦小看普鲁士的实力，他知道普鲁士有能力吞并奥地利，但却不能这么做，这样会引来英法等国的反对。最后，普奥战争以《布拉格条约》的签订而告终。

在欧洲许多国家的眼里，普鲁士好像并未从普奥战争中捞到什么好处，就连所签订的《布拉格条约》也对奥地利十分宽容。但俾斯麦却通过这场战争，让奥地利从德意志统一进程中彻底出局，这下有能力使德意志统一的就只剩下普鲁士了。

这样一来，普鲁士在统一德意志的道路上面临的障碍只剩下法国了，只要能从法国手中夺回南德诸邦的控制权，那么俾斯麦就算成功了。

普鲁士用了几年的时间做了战前准备工作。但想要发动战争，就必须找到一个合理的借口。1870 年，机会来了。拿破仑三世和威廉一世因为西班牙王位继承的问题出现了矛盾，这本是一起普通的外交事务，但在俾斯麦得知后，就开始不普通起来。在威廉一世的默许下，俾斯麦给拿破仑三世发去了一封能轻易挑起对方怒火的电文。发完电文后，俾斯麦以斗牛士自比，还说这封电文就是一块红布，至于拿破仑三世就是高卢牛了，只能被俾斯麦耍着玩。

俾斯麦等了一天的时间，终于等来了想要的结果，拿破仑三世宣布对普鲁士作战。普奥战争爆发后，拿破仑三世便开始在欧洲寻找盟友。此时，拿破仑三世才有了不对头的感觉，他根本找不到盟友。在此之前，俾斯麦已经和英国达成了协议，英国的态度只能是中立。至于俄国，沙皇正在为改革焦头烂额，根本顾不上掺和西欧这档子事。

在色当战役中，普鲁士不仅打败了法军，还擒获了拿破仑三世。几天后，拿破仑三世宣布退位，他所创立的法兰西第二帝国也覆灭了。普鲁士的军队势如破竹地来到了凡尔赛宫，并在这里举行了阅兵式，一洗拿破仑曾击败普鲁士的耻辱。就在凡尔赛宫，法国国王的居住地，威廉一世加冕为德意志皇帝。

德意志帝国的建立，让俾斯麦成了风靡欧洲的名人，风头甚至盖过了皇帝威廉一世。但威廉一世的重要作用却是不可忽视的，如果说俾斯麦是千里马，那威廉一世就是当之无愧的伯乐。但在1888年，俾斯麦的伯乐去世了。

威廉一世去世后，他的儿子腓特烈三世继位。但就在腓特烈三世熟悉皇帝业务的过程中，他不幸病倒了，而且是一病不起，最后死在了病床上，只当了99天的皇帝。

腓特烈三世去世后，他的儿子威廉二世继位，年仅29岁。威廉二世是个热血青年，通过他尊称祖父威廉一世为威廉大帝这件事情，就可以想见他是个多么热血的人。这位热血皇帝继位后，开始致力于与俾斯麦做斗争，最后逼得俾斯麦主动辞职。后来，威廉二世安排列奥·冯·卡普里维接替俾斯麦的位子。对于这项任命，卡普里维并没什么高兴的，他知道自己无论如何都不如俾斯麦适合："俾斯麦能同时让五个球不落地，但我却两个都保证不了。"

俾斯麦的辞职在德意志引起了不小的轰动，许多电报、信件和鲜花纷至沓来，面对这么多人的关注，俾斯麦苦涩不已："这是一级国葬。"

1898年，正在海上度假的威廉二世接到了俾斯麦去世的消息，便下令为俾斯麦举行国葬。但国葬并未举行，俾斯麦早就选好了长眠之地，他的墓志铭也让威廉二世深感刺眼，他的墓碑上刻着："威廉一世皇帝的忠实德国仆人。"

# 共产主义的诞生——卡尔·马克思

1818 年，卡尔·海因里希·马克思出生于普鲁士一个律师家庭，长大后，马克思便进入大学攻读法律专业，但他私下里却开始研究起哲学和历史来。

1840 年，腓特烈·威廉四世成了普鲁士国王，他一上任，便开始迫害自由主义民主人士，还限制了学术自由。刚成为《莱茵报》主编的马克思对此嗤之以鼻，照旧发表一些会触及当权者敏感神经的文章。结果，政府就下令查封了《莱茵报》，气愤不已的马克思辞去了主编的工作。

虽然不再是主编，但马克思依旧为《莱茵报》写文章，这一次他把矛头对准俄国沙皇尼古拉一世。尼古拉对这篇文章很不满，便向普鲁士国王抗议，普鲁士国王再次下令查封《莱茵报》。这下，《莱茵报》再也不敢发表马克思的文章，马克思失业了，失去了经济来源。

不过，马克思认识了一个富有的朋友，那就是恩格斯，一个工厂主的儿子。恩格斯与马克思的许多观点都相同，他本人也很喜欢马克思，就和马克思变成了好朋友，之后的许多年恩格斯一直在经济上资助马克思。

除了恩格斯外，马克思还有一个灵魂伴侣，燕妮绝对是个支持丈夫事业的贤内助。燕妮是个漂亮的贵族小姐，还是被公认的舞会皇后，这样优秀的女子自然有许多追求者，但燕妮却看上了马克思，并和马克思私订终身。不久后，马克思就到柏林大学学习。这样一来，这对热恋中的情侣只能用写诗的方式来表达自己的思念之情。

获得哲学博士学位后，马克思立刻赶到燕妮身边，还给了岳父一份聘礼——博士论文。但仅有一份博士论文是不能维持生计的，马克思只能暂时搁置与燕妮的婚期。为了尽快与燕妮结婚，马克思开始为《莱茵报》写文章赚钱。但马克思的文章却很不讨当权者喜欢，总是批判资产阶级，最后他失去了这份工作。

失业后的马克思与燕妮还是结婚了，不过是等到岳父去世后，马克思才娶到了燕妮。马克思送给燕妮的新婚礼物，便是一场流亡式的旅行，马克思带着燕妮来到了法国巴黎。在这里，马克思依旧在写文章批评资产阶级，被保守势力所憎恨，只能四处辗转。

尽管有恩格斯的资助，马克思的生活依旧非常贫困，他和燕妮的孩子就是因为没有钱看病而夭折。但马克思并未放弃自己的理想，继续为共产主义事业而奋斗。燕妮也没有抱怨，而是尽量协助马克思的工作，马克思的许多手稿都是由燕妮抄写一遍再送到出版社去。

1848 年，《共产党宣言》发表，标志着共产主义的诞生。1864 年 9 月 28 日，马克思创建了第一国际，这是一个国际工人联合组织。作为创始人，马克思负责起草了许多重要文件，例如，《成立宣言》和《临时章程》。在巴黎公社运动中，第一国际提供了不少帮助。

1881 年，燕妮去世。两年后，马克思也去世了。这时，恩格斯放下了手中的工作，开始全力以赴地整理马克思留下的手稿，最后两卷《资本论》的出版就是恩格斯的功劳。

# 七日壮歌——巴黎公社运动

色当战役的失败，让拿破仑三世成了普鲁士的俘虏，被释放后的拿破仑三世拍拍屁股走人了，他到英国隐居去了，但却留下了一个烂摊子。1871 年的春天，普鲁士的军队包围了巴黎，巴黎危在旦夕。

虽然在拿破仑三世被俘之际，法国马上出现了一个共和国，史称第三共和国，但共和国的总统阿道夫・梯也尔却选择了和普鲁士和谈，又是赔款又是割地的。巴黎的民众看不上梯也尔这种卑躬屈膝的奴隶相，就自发组织了国民自卫军，防止普鲁士的进攻。

普鲁士进不了巴黎，立刻找梯也尔谈话。梯也尔也早就注意到了这支群众自发武装的军队，立刻下令，让国民自卫军交出武器，不要抵抗普军。让梯也尔尴尬的是，根本无人理睬他这个新总统。梯也尔立刻把国民自卫军看成了头号敌人，在 3 月 17 日的深夜，召集了政府部长和高级将领到他那里开会，秘密商议该怎么对付国民自卫军。

3 月 18 日的凌晨，政府军开始行动了，他们趁自卫军不注意，杀死了守卫大炮的士兵。就在政府军准备拖走大炮这些笨家伙时，附近的居民听到了动静，立刻向自卫军报信，有的人甚至还坐在路上，阻止政府军拖走大炮。后来，几个头脑灵活的年轻人想到了一个更好的办法，从政府军的手中抢走一门大炮，并拉响大炮，向巴黎的自卫军报警。

很快，巴黎群众纷纷从各处赶到了蒙马特尔高地。

政府军的这次行动，让国民自卫军再也不相信以梯也尔为首的共和国政府，经过表决后，他们决定发动起义。这时，梯也尔正在外交部等着胜利的好消息。但很快，坏消息传来了。许多政府高级官员纷纷跑来告诉梯也尔他们差点儿被抓住枪毙的经历，梯也尔一听，立刻准备逃走。政府军和官员们都纷纷离开了巴黎，梯也尔本人也逃到了巴黎的郊区。

3 月 26 日，国民自卫军举行了选举会议，经过两日的商议后，决定在巴黎成立一个新的政府，即巴黎公社，这是世界上第一个无产阶级政权。

巴黎公社成立的消息很快就传到了正在凡尔赛宫避难的梯也尔耳中，他的第一反应就是镇压，但他并不想进行一场大规模的内战，公社军也不想。普鲁士正虎视眈眈地盯着法国，大规模的内战会让法国大伤元气，反而会便宜普鲁士。但梯也尔和巴黎公社也不想通过谈判来解决问题，于是小规模的冲突开始了。

但普鲁士很快表明了态度，选择支持梯也尔，并释放了大量的法军俘虏，这下政府军的部队就扩充了不少，开始围剿巴黎附近的公社军，把公社军围困在巴黎市内。5 月 21 日，政府军开始攻打巴黎西边的一道城门，并通过此门，成功进入巴黎。很快，政府军便开始了镇压行动，在巴黎与公社军展开了激烈的街道战，凡是持枪者或曾反抗过政府的人都被就地枪决。

5 月 24 日，政府军拿下了巴黎市政厅，还杀死了许多公社成员。5 月 27 日，200 多名公社军被政府军包围在巴黎东北的拉雪兹神甫公墓。面对 5000 政府军的围攻，公社军没人出来投降，最后他们在墓地的一堵墙边全部牺牲。短短七日，公社军就被打败了，巴黎公社运动也以失败而告终。

## 开启电气时代——第二次工业革命

1866 年，发电机出现了，它的发明者是德国的维尔纳·冯·西门子。到了 19 世纪 70 年代，发电机开始运用到实践中。渐渐地，电力取代了蒸汽动力，许多和电力有关的新发明也占据了人们的生活，人类开始进入一个新时代，即电气时代。

1816 年，西门子出生于德国一个贫困的农民家庭，他的父亲克里斯蒂安虽然出身不错，而且还接受过高等教育，但却因为战争失败而变得一无所有，从那以后，他便当上了农民。

虽然生活很艰辛，但克里斯蒂安夫妇并未把这种怨气带到家庭里，西门子的童年过得还是很幸福的。克里斯蒂安十分重视对西门子的教育，亲自教授西门子知识，西门子和兄弟姐妹就是在这样学习氛围浓厚的环境中长大的。除此之外，克里斯蒂安还希望孩子们能接受正规的教育，这是他做不到的，于是他就为孩子们请来了家庭教师。

1832 年，西门子被送入中学读书。很快，老师们就发现了西门子的数学天赋。作为一个插班生，西门子学习起数学来不仅没有困难，就连高年级的课程也能轻松应对。

尽管克里斯蒂安在孩子的教育上不遗余力，舍得投资，但毕竟家庭条件摆在那里，西门子作为长子便想着能为父母分担一部分，于是他决定学习建筑，这样就能尽快赚钱了。不过建筑专业的学费昂贵，他便只能在老师的建议下去军中服役，这样他就可以免费到炮兵工程学校的建筑专业学习。服役一年后，西门子终于进入学校学习，他的数学、物理和化学等科目都学得不错。

三年文化知识的学习，让西门子开始朝着发明创造靠近，这也是他唯一一条发财之路，毕竟家中还有几个兄弟等着他付学费。

西门子的第一次试验十分危险，他在进行摩擦炮栓试验时不小心出现了爆炸。西门子的耳膜受了伤，从此之后就丧失了正常人的听力。不过西门子并未放弃进行发明创造，他成功地发明了电流镀金、镀银，还改良了印刷机，这些发明都给西门子带来了不少的收入。

1844 年，西门子去了一趟巴黎，参加了法国工业博览会。这次的巴黎之旅给西门子带来了很大的震撼和影响，回国后他便放弃了之前的发明，开始了学术研究。1845 年，西门子开始发表学术论文。1846 年，西门子开始进行电报研究。1847 年，西门子和人合伙建立了一家电报机制造公司。从此之后，西门子便一头扎进电信的研究领域中。直到 1866 年，西门子发明了发电机。

起初，发电机只是在军事领域得以运用，后来便被西门子运用到了民生领域中，并给他的公司带来了不少收益，柏林街道上的第一批路灯就是西门子的公司安装的。除了电灯外，电梯、电车、电话等一系列电力产品都出自西门子的公司。西门子本人也被称为“电子电气之父”，他的名字也成了电导率的单位。

除了电力外，第二次工业革命还有一项重大的发明创造，即以煤气和汽油为燃料的内燃机，从此之后石油成为必不可少的能源。而汽车的发明者同样是德国人。

虽然第二次工业革命和第一次工业革命一样，都改变了世界，但却有本质的不同。第一次工业革命基本上都是工匠通过实践经验来进行发明创造的。到了第二次工业革命时，自然科学开始与技术结合在一起，实现了科技的飞跃。

# 第七章

# 血雨腥风的战争年代

野心勃勃的德意志皇帝威廉二世挑起了第一次世界大战，战败的德国在希特勒的带领下再次崛起，发动了第二次世界大战。两次世界大战重创了欧洲，也催生了第一个社会主义国家——苏联。

# 挑起一战的皇帝——威廉二世

1888年，威廉二世成了德意志的皇帝，这是个热血冲动的年轻人，认为自己是君权神授，还很讨厌议会对他指手画脚，就连俾斯麦也被他赶走了。这位新任德皇只有一个爱好，就是军事，他对武力有着谜一样的痴恋。在威廉二世统治时期，德国军人的地位和待遇都得到了提高。

威廉二世的出身很高贵，他的爷爷是著名的威廉大帝，外祖母则是英国女王。但不幸的是，威廉二世在出生时，遭遇了意外，导致了他左臂的萎缩，就连大脑也可能存在严重的疾病。萎缩的左臂让威廉二世感觉很自卑，总是以手套、佩剑和拐杖掩盖左手的缺陷。或许正是因为身体上的缺陷，才导致了他对武力的崇拜。

俾斯麦在担任宰相时，德国与英国之间的关系很好，而且两国之间还是姻亲的关系，威廉二世的母亲就是维多利亚公主。但俾斯麦退休后不久，威廉二世就开始频频得罪英国。最后，德国与英国之间的关系变得十分糟糕。在第一次世界大战爆发前，欧洲的许多国家都觉得德国应该会和英国联合起来，但结果却是英国选择了与德国作对。

1908年，威廉二世做了一件蠢事，他本来是想主动和英国搞好关系，但没想到办砸了。在接受英国报章《每日电讯报》采访的时候，威廉二世表示德国人并不喜欢英国人，还提到了法俄两国煽动德国参加战争。最后，威廉二世还顺带捎上了日本，说德国扩建海军是针对日本，并不是想和英国一较高下。

事后，威廉二世似乎也意识到自己太过火了，在之后的几个月内，都没有再接受访问，一直保持着低调，就连政府事务，他也不再像以前那样积极。

不过威廉二世还是对军事充满着热情，不断地扩充军备。威廉二世这种举措，让英国觉得很不安。在1908年的夏天，英王爱德华七世派出了特使，向威廉二世表达了这种担心。威廉二世真是语不惊人死不休："只要有人试图限制德国的军备发展，那就是挑衅德国，德国会立刻反击。"

虽然英国人对威廉二世渐渐不满起来，但英国皇室却没有，在爱德华七世去世后，依旧邀请威廉二世前来参加葬礼，威廉二世的名字还占据着出席名单首位。

俾斯麦担任宰相时，所推行的政策是孤立法国。但威廉二世却想和法国搞好关系，可法国压根儿不接这茬。毕竟普法战争刚结束没多久，威廉一世耀武扬威地在凡尔赛宫举行加冕仪式，对法国人来说可是耻辱。

德国作为欧洲的后起之秀，发展得十分迅速。威廉二世所接手的德国是强大的，他想要让德国变成世界帝国的梦想是有实现基础的。但当威廉二世放眼望去时，他才发现蛋糕已经被英法等国分完了。列强是不可能主动交出手中的既得利益的，威廉二世只能选择抢，通过战争的形式为德国争夺能匹配上这个新兴帝国的一切。

不过，在列强环伺的情况下，就算威廉二世有这样的野心，也不能弄得尽人皆知。威廉二世到处蹦跶，就怕别人不知道他德意志的强大。在庆祝德意志帝国成立 25 周年纪念会上，威廉二世通过电台向全世界发表了他的贺词："德意志会发展成世界帝国，到时候，地球上的每个角落里都会有德国的影子，德国的商品、知识等都会散播在世界各处。"这份贺词，在威廉二世看起来可能很普通，甚至无法表达出他内心的那份狂热，但却让英国、法国和俄国等国家的领导人听得心惊肉跳，这是要称霸世界呀。

1914 年 6 月 28 日，奥匈帝国的皇储斐迪南大公夫妇在萨拉热窝被刺杀了，刺客是萨拉热窝的热血青年。威廉二世得知后，十分震惊，立刻给奥匈帝国发去了电报，怂恿奥匈帝国不要就此善罢甘休。

斐迪南大公虽然是奥匈帝国的皇储，但并不是个受欢迎的人，他被刺杀虽让人觉得意外，但也没到为他报仇而发动战争的地步。在那个时代，欧洲有许多政要被刺杀，但都没像斐迪南一样，直接成了点燃一场世界规模战争的导火索。

最初，欧洲许多国家都对一战怀着兴奋的心情，觉得欧洲是时候打一场战争了。但一战的规模和破坏力都远远超出了各国的预估，或许正因如此，英法等国在战后才狠狠地惩罚了德国，为第二次世界大战埋下了种子。对于普通士兵来说，他们也对一战抱着乐观的态度，有的士兵甚至觉得几个月后，战争就能结束，他们还能赶上回家过圣诞节。但这场战争却打了四年，正因为这种心理落差，一战士兵后期的反战情绪才会那么强烈，有的部队甚至出现了兵变。

一战初期，德国本想速战速决，但无奈被东西线掣肘。到了 1915 年，德国便开始把重点放到了西线上，这是决定战争胜败的关键所在。对于英法等国来说，俄国这条东线的力量，基本上指望不上了，尼古拉二世已经被国内的起义军分散了许多兵力。

德国瞄准了法国，认为只要攻入巴黎，就能掌握战争的主动权，于是凡尔登战役打响了。凡尔登战役以法国胜利而告终，虽然法国赢得了胜利，但也损失了不少兵力。德法两国在凡尔登战役中死亡的人数超过了一百万，凡尔登战役也被称为“凡尔登绞肉机”。

陆战上的失利，让德国开始转向海战。在威廉二世的努力下，德国拥有了一支可以与英国海军叫板的海军。日德兰海战是一场十分关键的战役，英国如果失败了，不仅要退出战争，还要让出海岸线的控制权。最终，英国打赢了。

1917 年，一个新兴的强大国家美国也参与到了这场战争中，共同和德国作对。1918 年 11 月，德国宣布投降。

德国的战败让威廉二世成了国家的罪人，许多人都开始反对威廉二世，就连他最信任的将领都开始劝他退位。最后，威廉二世只能选择退位，不过他希望能保留普鲁士国王的身份，但还是失败了，不过他还是不愿意放弃普鲁士国王的头衔。

退位后，威廉二世来到了荷兰。荷兰在一战中是中立国，而且荷兰女王还是威廉的表妹。在荷兰，女王还看在亲戚一场的分儿上，给了威廉二世一座庄园。在巴黎和会召开时，威廉二世被定性为战犯，应该被引渡审判。这时，仗义的荷兰女王再次成了威廉二世的保护伞，硬是不交出威廉二世。威廉二世在荷兰的庄园里惬意地活着，就连希特勒上台时，他还活着，并给予了资金支持，或许他从希特勒身上看到了德国复兴的希望。在 1940 年 5 月 10 日凌晨，德军突然袭击了荷兰这个中立国，几周后，荷兰就宣布投降了。而威廉二世则在 1941 年 6 月 3 日才去世。

## 苏维埃的缔造者——列宁

自从亚历山大二世遇刺身亡后，他的儿子亚历山大三世就开始惶惶不可终日，放弃了在圣彼得堡优越的生活，到一处行宫中过起了戒备森严的日子，就连被嘲笑为囚犯也毫不在意。亚历山大三世病逝后，他的儿子尼古拉二世继位，这是俄国的最后一位沙皇。此时的俄国已经危机四伏，但尼古拉二世却对改革没什么兴趣，他更喜欢打仗，除了到处侵略扩张外，尼古拉二世也没落下参加第一次世界大战。战争让俄国暴露出了许多问题，其实这些问题早就出现了，只不过在参加一战后更为严重，忍无可忍的俄国民众开始了反抗。

1917 年 1 月 22 日，工人们在布尔什维克的号召下，在彼得格勒（圣彼得堡）示威游行，以纪念被沙皇镇压的 1905 年革命中牺牲的人。除了彼得格勒，莫斯科等城市也出现了大规模的示威游行。尼古拉二世并未把这次的示威游行放在心上，直到示威游行的规模越来越大，最后演变成了反对沙皇统治的起义，这时，尼古拉二世才慌张起来。

### 【布尔什维克】

布尔什维克是俄文的音译，意思是“多数派”，是列宁创建的俄国无产阶级政党。与布尔什维克相对应的是孟什维克，也就是“少数派”的意思。

在1917年三八国际妇女节这天，也是俄历的2月23日，俄国爆发了二月革命。工人们不仅攻占了军火库，还和军警打了起来。尼古拉二世企图派兵镇压，但却发生了兵变，只能在7天后宣布退位，把沙皇之位让给了弟弟米哈伊尔。这时的沙皇之位无异于一个烫手山芋，谁沾谁倒霉，第二天，米哈伊尔立刻做出回应，他也宣布退位。于是，罗曼诺夫王朝覆灭了，二月革命成功了。

二月革命的消息立刻传到了瑞士这个中立国，此时列宁正在瑞士避难，他离开俄国已经十余年了。列宁想要尽快回到俄国，但却由不得他自己，当时的欧洲正在打仗，交通十分不便。在瑞士社会民主党人士弗里茨·普拉廷的帮助下，列宁可以乘坐由德国安排的火车返回俄国，但前提条件是，列宁回到俄国后，必须释放关押的德国俘虏。穿越德国到瑞典的路程是漫长的，踏上归途的列宁没有回忆往日的流亡岁月，而是在阅读一份报纸——《真理报》。这份专门针对工人发行的报纸，被沙皇看作是宣扬蛊惑人心的异端邪说。为了避免沙皇的查封，《真理报》的印刷工作全在国外进行，然后秘密送往俄国。在瑞典，列宁立刻找到社会民主党人士，在他们的帮助下，顺利地乘坐火车启程，这是一列开往彼得格勒的火车。

与绝大部分贫苦的起义工人不同，列宁出生于一个殷实的知识分子家庭。列宁的早年生活过得不错，父慈母爱，兄弟姐妹也相亲相爱。这全部是列宁父亲乌里扬诺夫努力的结果。乌里扬诺夫虽然出生在一个贫困的家庭，但却通过后天的努力，成了国民教育总监。在父亲的影响下，列宁从小就开始接受良好的教育。

17 岁时，列宁的家里发生了一件大事，他的哥哥被沙皇下令处死了。亚历山大·乌里扬诺夫是圣彼得堡大学的进步青年，在参加民意党刺杀沙皇的行动中不幸被捕。这件事情给列宁带来了极大的震动，同时也让他坚定了反对沙皇统治的决心。在进入大学学习后，列宁就开始积极参与学生运动，就算被开除和监视，也没有放弃自学马克思主义的著作。

22 岁时，列宁获得了一次旁听生参加圣彼得堡大学毕业考试的机会，列宁通过了考试，并获得了毕业证书。随后，列宁便开始在圣彼得堡工作。表面上，列宁是一个实习律师，但实际上他是个马克思主义者，经常组织工人活动。列宁在圣彼得堡所进行的无产阶级工作被政府盯上了，并在 1895 年 12 月被捕入狱。两年后，列宁被流放，在流放过程中，他完成了《俄国资本主义的发展》一书的写作。

1900 年，列宁被允许返回圣彼得堡。这时，列宁依旧坚持写在政府看来危险的书籍。1903 年，列宁在参加俄国社会民主党第二次代表大会时，提出了许多观点和思想，但遭到了一些人的反对，他们都觉得列宁的思想太激进了。双方之间的争执直接导致了社会民主党的分裂。以列宁为首的是布尔什维克，另一派则是孟什维克。

1905 年革命失败后，列宁只能选择离开俄国，到西欧避难。在外流亡的日子并不好过，列宁的生活十分贫困，但就算如此，列宁也没有放弃共产主义事业，他一边坚持写作，一边参加欧洲各地的社会主义集会活动。

1914 年，一战爆发后，社会民主党纷纷选择支持本国的战争，这让列宁很意外，同时也很愤怒。在他看来，帝国主义之间的战争毫无意义，不会解决任何穷人的问题。列宁认为，只有一种战争是有意义的，那就是阶级战争，让工人阶级通过武力方式推翻资产阶级的统治。对于列宁，许多国家的政府都十分忌惮，奥地利还曾扣押过列宁。后来，列宁便只能到瑞士这个中立的开明国家避难，一直到二月革命爆发，才回到了俄国。

1917 年 4 月 16 日，列宁回到了俄国，以他的名气，自然很快就成了革命运动的领袖。列宁在获得了不少人支持的同时，还有许多反对者，反对者则诬陷列宁是德国派来的间谍，但这种脏水根本影响不了列宁在布尔什维克心中的光辉形象，列宁一直都是工人和士兵进行革命斗争的指挥者。

列宁虽然没有直接参与二月革命，但却对俄国形势有着清醒的认识，他并未马上组织布尔什维克进行武装夺权，而是一边静待时机，一边秘密壮大布尔什维克的力量。

1917 年 9 月，列宁认为时机已经成熟了，由于他此时正在芬兰，便给彼得格勒的布尔什维克写了两封信，信件的内容便是武装夺取政权的方案。10 月 7 日，列宁秘密回到彼得格勒，开始进行武装起义的准备工作。在 10 月 24 日（俄历）的夜晚，在布尔什维克的发动下，工人和士兵纷纷起义，朝着临时政府所在地涌去。这场起义便是震惊世界的十月革命。

十月革命胜利后，布尔什维克建立了苏维埃政权。1918 年 1 月 14 日，列宁遇到了一场刺杀。刺客一共有 12 名，在列宁所乘坐的汽车经过一座桥时，刺客们立刻向车内开枪。所幸，同行的普拉廷反应迅速，立刻把列宁的头按在了座位下，才没有中弹。

半年多后，列宁再次遭遇了一次刺杀。刺客冒充工人混在工厂里，在列宁演讲完毕，正与一位女士交谈之际，刺客突然朝着列宁开枪。列宁的左肩和左胸靠近脖子的地方都被打中，刺客还伤到了与列宁交谈的女人。

由于伤势严重，列宁当场昏迷。在被送往医院的途中，列宁清醒了，他告诉随从人员，不要把他送到医院，那里也可能会被安排刺客。在列宁的安排下，他被送到了克里姆林宫，医生随后也赶到这里，为列宁治伤。这次凶险的刺杀虽未让列宁丧命，但却让列宁的健康状况变得糟糕起来。一颗子弹因为距离脊柱很近，当时的医生没有把握能安全取出子弹，这颗子弹便留在了列宁的身体里。直到四年后的一天，这颗子弹才被一个德国医生取了出来。或许正是因为颈部靠近脊柱的伤口，才导致了他的中风与瘫痪。

1918 年 3 月，在列宁的主持下，布尔什维克第七次代表大会召开。会议上，布尔什维克正式改名为俄国共产党。不久之后，宪法就颁布了，这标志着俄罗斯苏维埃联邦社会主义共和国（简称苏维埃俄国）成立。

1922 年 5 月，列宁因为中风导致右侧身体瘫痪了，便开始休养。在第二次中风后，列宁便彻底待在家中养身体。在第三次中风后，列宁便卧床不起，甚至都无法开口说话。1924 年，列宁逝世。

## 三流画家掌权——法西斯专政

在第一次世界大战爆发之际，一个名叫阿道夫·希特勒的年轻人志愿参军，成了德国巴伐利亚预备步兵团第16团中的一员，此时的他还是个普通的士兵，尽管几年后成了上等兵，还因为作战英勇获得了勋章，但威廉二世还是不知道希特勒的存在，不过几十年后，威廉二世就会知道这个名叫希特勒的人。

希特勒出生于1889年，他的童年并不幸福。1895年，希特勒被送入学校念书。不安分的阿洛伊斯在退休后，便经常带着一家人搬家，希特勒便只能跟随父亲不停地转学，每当希特勒好不容易熟悉学校的环境后，就会离开。

1900年，希特勒遵照父亲的安排，到林茨上中学。阿洛伊斯希望希特勒能像他一样成为一名公务员，所以便花钱做了这样的安排。但希特勒却并不理解阿洛伊斯的苦心，他想要成为一名画家。希特勒虽然进行了反抗，但却失败了，为了表达对父亲专横的不满，希特勒不再努力学习，最后连张毕业证都没混到。

三年后，希特勒终于获得了自由，他的父亲去世了，他立刻摆脱了暴君式的管束。16岁时，希特勒除了画画外，增加了一个新的兴趣爱好，他开始对政治有了兴趣，他每天都待在图书馆里，阅读德国的历史，对日耳曼民族的一切都渴望了解，此时的他已经出现了狂热日耳曼民族主义者的征兆。

1906年，希特勒与母亲告别，踏上了去维也纳的道路，他想要学习艺术。到了维也纳后，希特勒便开始准备考试，希望能进入维也纳艺术学院学习，但很遗憾，希特勒被拒绝了，还被拒绝了两次。

起初，希特勒还能得到母亲的资助，在母亲去世后，希特勒在维也纳的日子开始艰难起来，他虽然会画画，但在周围人的眼中，他只是个三流画家，他只能给人画画明信片，以获得微薄的报酬。就算如此，希特勒也无法养活自己，除了画画外，希特勒也会干些扫雪、扛行李之类的零活。

很快，希特勒的生活变得更加困难，他放弃了之前租的房子，搬到更便宜的地方去居住，每天还依靠施粥站过活。

1913 年，希特勒从维也纳搬到了慕尼黑居住，但同样还是个一无所有的流浪汉，一个在周围人看来，十分古怪的、狂热民族主义和反犹主义流浪汉。

第一次世界大战爆发后，希特勒也应征入伍，他在 1916 年参加索姆河战役时，被炮弹炸伤了大腿，只能暂时撤退到后方养伤。一年后，希特勒重回战场。但在 1918 年，希特勒因为被芥子气攻击眼睛短暂失明而继续养伤。就在希特勒想着什么时候继续上阵杀敌之际，传来了德国宣布投降的消息。

在德国，军国主义的根基十分深厚。希特勒虽然显得有些不同寻常，但他也和大多数德国青年一样，都对荣誉有着强烈的渴望。德国的战败自然让希特勒等德国人觉得十分屈辱，而《凡尔赛和约》的签订则让这份屈辱掺杂了憎恨的情绪。就像法国元帅福煦所说的："这不是和平，这是 20 年的休战。"

威廉二世退位后，魏玛共和国成立，虽然弗里德里希·艾伯特是总统，但却没有掌握实权，他不过是一个替罪羊而已，用来承担签订《凡尔赛和约》的屈辱。

根据《凡尔赛和约》的规定，德国需要给战胜国巨额赔款，这足以让德国经济崩溃。后来由于美国在资金上的支持，德国的经济总算有了一丝繁荣的迹象。但这种靠借外债换来的安稳对德国来说，可谓是如履薄冰。在 1929 年经济大萧条后，美国国内的经济都遭遇了困难，自然不可能再给德国提供帮助，为了自保，美国撤走了资金。这下，德国的经济彻底崩盘了，马克变成了废纸，通货膨胀达到了历史新高。德国的通货膨胀十分严重，严重到买一杯牛奶都能倾家荡产。

本来魏玛共和国的支持者就不多，这下大家伙儿都吃不饱饭了，自然更加反对政府，一时间德国变得动荡起来。

对于绝大多数德国人来说，一战投降后的日子过得很不如意。但对于希特勒来说，一战后的他似乎开始朝着人生巅峰前进。希特勒成了德国工人党（纳粹党）的一分子，他不再无所事事，他每天都带着激情去工作，去演讲，让更多的人被他所宣扬的种族仇恨论所影响，让大家与他一起陷入仇恨的癫狂中。

不论日后希特勒怎么臭名昭著，但不得不承认的是，他擅长演讲，具有演讲的天赋，能轻易地调动起听众们的情绪。纳粹党的主席也发现了希特勒的演讲才能，就破格提拔他做宣传部长，从此之后希特勒便开始平步青云，一步步成为纳粹党的骨干。当然，纳粹党在希特勒的煽动下，也获得了更多的支持者和追随者。

1921 年，希特勒成了纳粹党的党魁，在党内享有最高权力，党章、选举、委员会等都是他一个人说了算，他俨然已成了纳粹独裁者。但希特勒并不满足，他还想要掌握更大的权力，这一次他盯上了政府。

1923 年，在希特勒的煽动下，纳粹党举行了暴动，史称“啤酒馆暴动”。这场暴动，希特勒准备得并不充分，他所掌握的武力十分有限。或者说，他并没想通过武力推翻政府，他觉得凭借自己的狂热再加上追随者，就能成功。

1923年11月9日上午，希特勒等人和警察产生了冲突。本来，警察和希特勒都没想开枪，但不知是谁突然朝着示威人群开了一枪。这声枪响，让事态变得不可控起来，示威人群开始袭击警察，于是一场混战开始了，从示威游行转变成了暴动。

希特勒本人虽未在这场暴动中受伤，但却在失败后被关进了监狱。但在审判的时候，法官考虑到希特勒所宣传的并不是什么危险的异端邪说，便只判了他5年监禁。监狱的生活对希特勒来说十分惬意，他被关在了条件最好的牢房，还能自由地通信和散步，时不时还会有亲友前来探望，除了不能走出监狱大门外，希特勒是监狱里最自由的犯人。在监狱里，希特勒完成了《我的奋斗》这本书。9个月后，希特勒被提前释放了。

啤酒馆暴动虽然失败了，但并未给希特勒带来什么不利的影响，反而让希特勒的名气变得更大了，还让希特勒得到了一条经验教训，军队是至关重要的。不过，纳粹党却被取缔了，成了不合法的政党，相关报刊也被查封。

出狱后的希特勒学会了夹着尾巴做人，他主动承认错误，并承诺一定会做一个遵纪守法的公民。不久之后，纳粹党重新合法化，就连纳粹党的报刊也被解除了禁令。几年后，美国的华尔街出现了大崩盘，美国政府便撤走了在德国的资金。希特勒趁此机会煽动群众反对政府的统治。

1933年，希特勒成了魏玛共和国的总理，不过他的权力却被议会所限制，尤其是德国共产党，这个党派的议员占据了议会总人数的 17%，是希特勒最大的阻碍。1933 年 2 月 27 日，德国国会大厦发生了一场大火灾。希特勒把国会纵火案的罪名安在了共产党的身上，这下希特勒就成了德国的一把手。

为了得到更多的支持，希特勒便到处许下承诺。面对群众，希特勒说他一定会让大家过上好日子；面对军队，希特勒承诺一定会扩充军队，重新恢复德国的荣耀。希特勒为了赢得天主教会的支持，甚至允许天主教徒保有原来的信仰。

除此之外，希特勒还在纳粹党内部开展了大清洗，在 1934 年 6 月 30 日进行了血腥屠杀，清除以恩斯特·罗姆为首的反对者。这起历史事件也因此被称为“罗姆政变”或“长剑之夜”。

## 生死存亡之际——第二次世界大战

1939 年 9 月 1 日的凌晨时分，德国突然进攻波兰。与装备优良的德军相比，波兰显然不是德国的对手。很快，德国的空军就消灭了波兰空军。陆地上的战况更为惨烈，波兰人除了要提防空中德军的轰炸外，还得面对德军的坦克。此时的波兰人开始寄希望于法国的增援，他们相信法国人不会任由德国这样肆虐，但他们没有等来法国的军队。

希特勒在闪击波兰之前，找了许多借口，但依旧引起了英法等国的警惕，法国立刻开始向马其诺防线增兵。马其诺防线是法国人专门针对德国而修建的，每年法国政府都会划拨大量资金修缮这条防线，这条防线在当时可谓是铜墙铁壁。

就在英法联军聚集在马其诺防线，准备与德军干场硬仗时，德军却绕过了马其诺防线，从卢森堡的阿登森林穿越过来，迅速占领荷兰和比利时，从背后打了英法联军一个措手不及。在此之前，英法两国虽然也想到了阿登这个薄弱环节，但考虑到阿登的地形不利于坦克通行，便没有在此地派重兵把守。

为了保存实力，英法联军只能不停地撤退，直到敦刻尔克这个靠近英国的港口城市。英国政府立刻开始组织跨海撤退行动，把所能用上的一切船只都派到了敦刻尔克，不论是军用的舰船，还是民用的木船，只要能在水上漂就行。这是一场前所未有的大规模撤退，一共有 33.5 万人通过这次行动撤退到英国。人虽然撤到了较为安全的地方，但英国所支援的重型武器装备，例如坦克、飞机、汽车等都滞留在法国，成了希特勒的战利品。

法国的沦陷对于希特勒来说，是重大的胜利，占领西欧对于他来说，已如探囊取物般了。希特勒希望英国能像荷兰等国那样，乖乖缴械投降。但希特勒却遇到了顽强抵抗的英国，此时英国的首相是刚刚上任的温斯顿·丘吉尔。

丘吉尔是个经历过战火的贵族子弟。在丘吉尔 21 岁时，他曾以战地记者的身份前往古巴，参与了西班牙和古巴的战争。四年后，丘吉尔再次以记者的身份到南非参与英国和布尔人的战争。这次，丘吉尔被布尔人俘虏了。布尔人在丘吉尔的身上搜到了武器，便以此为由拒绝释放丘吉尔。几个月后，丘吉尔便开始计划越狱，在一个英国人的帮助下，丘吉尔成功了，并因此获得了不小的名气。1900 年 3 月，丘吉尔回到了英国。

进入政坛后，丘吉尔成了一名保守党议员。在第一次世界大战爆发之际，英国海军在攻占达达尼尔海峡时，不仅失败了，而且损失巨大。而批准这个作战计划的人正是丘吉尔，丘吉尔因此被免去了海军大臣的职务，事业一下子跌入谷底。

1917 年，丘吉尔的事业迎来了转机，他被任命为军需大臣。在丘吉尔任职期间，英国坦克、飞机等军备的生产规模都被迅速扩大。

一战结束后，大部分英国人都觉得不会再爆发战争，就开始着手准备裁军。但丘吉尔却不这么看，他认为德国就是欧洲一个一触即发的火药桶，随时可能爆发。在议会中，丘吉尔以此为由反对裁军，甚至还鼓励盟友法国加强戒备。丘吉尔的这种提议在当时的英国是不被欢迎的，遭到了许多人的反对。直到二战爆发后，丘吉尔才进入内阁，再次成了海军大臣。

1940 年 5 月 8 日，英国首相张伯伦提出了辞职，他卸任前向国王推荐了丘吉尔。丘吉尔成为首相后，通过演讲表明了自己的态度："我们要做的就是争取胜利，不论付出多少代价，也要获得胜利，没有胜利我们就无法生存。"丘吉尔的这番演讲在下议院获得了全部支持。

敦刻尔克大撤退后，丘吉尔便亲自到法国去游说，希望法国能坚守住，但法国政府已经投降了。丘吉尔只能和已经被贬职的主战将军戴高乐合作。1940 年 6 月 17 日，戴高乐秘密前往英国。6 月 28 日，丘吉尔宣布戴高乐是自由法国的代表。此外，丘吉尔还允许戴高乐的法国部队停留在英国。

很快，希特勒开始了疯狂的报复。从 9 月份开始，英国领空经常会出现德军的飞机。丘吉尔派出英国空军进行拦截。

不过，英国也并未一味地防守，还派出空军去轰炸德国。这下，把希特勒彻底惹恼了。希特勒立刻下令轰炸伦敦，之后的 57 天内，英国伦敦每天都要被德国的飞机轰炸。1941 年 10 月 12 日，希特勒遭遇了空战失败，他只能暂时放弃入侵英国。

在丘吉尔看来，仅靠英国和法国的实力，是无法击败以德国为首的法西斯国家的，他便开始努力寻求盟友，希望能把美国拉到欧洲的战场上。当然如果再拉上苏联就更好了，苏联可以在东线拖住德国。

希特勒的“巴巴罗萨计划”为英国争取到了苏联这个盟友。这次，希特勒依旧选择了速战速决的策略，猝不及防的苏联人当时根本没想到战火会烧到自己的国家。

苏联人被迫参战。这场保卫战，苏联人打得十分辛苦，德军步步紧逼，已经深入苏联腹地。

1941 年 12 月 7 日，日军轰炸了美国军事基地珍珠港，美国宣布参加战争。这对斯大林来说，可是个好消息，这样他就能把防备日本的部分部队调遣到西线对付德军，因为日军此时正在太平洋全力以赴地和美国打仗，威胁不到苏联边境的安全。

苏联的寒冬不是所有人都能忍受的，擅长闪击战的德军并没有准备过冬衣物，就来攻打苏联，结果到了冬天也没攻克莫斯科。在苏联的冰天雪地里，许多德国士兵虽然没死在敌人的枪口下，但却死在了严寒中。

1942 年 6 月 28 日，斯大林格勒保卫战打响了。这场战役是二战的转折点，为反法西斯同盟赢得了优势，德军也因此栽了大跟头，丧失了先前的优势。历史证明，苏联这块寒冷之地是不能随意深入的。瑞典国王查理十二世和法国皇帝拿破仑都在这里失败过。

1943年11月，德黑兰会议召开。在会议上，罗斯福、斯大林和丘吉尔经过商议决定在欧洲开辟一个新的战场，从西线进攻德军，缓解红军在东线的压力。这次行动被称为“霸王行动”，也就是诺曼底登陆。

按照作战计划，美国的空军会先进行轰炸，轰炸的重点是铁路、公路和桥梁等运输通道，这样德军就无法迅速增援。轰炸过后，盟军开始登陆诺曼底。最终，盟军成功在诺曼底登陆。

1945年4月12日，就在柏林会战打响之前，美国总统罗斯福去世了。希特勒得知这个消息后，十分兴奋，认为转败为胜的时机到了。但美国却并未因此退出战争，副总统杜鲁门迅速完成了就职仪式。四天后，柏林会战开始了。

随着反法西斯盟军的逼近，希特勒渐渐变得绝望起来，但他并不想投降，他下令，让柏林14岁以上的男性都参与到保卫柏林的战斗中。4月28日，希特勒开始准备后事。他和情妇爱娃·布劳恩举行了结婚仪式。两天后，希特勒开枪自杀了，爱娃则服毒自杀。在第二次世界大战的欧洲战场上，反法西斯同盟获得了胜利。

# 第八章

# 欧洲复兴与冷战

大战之后的欧洲一片废墟，百业凋零，而美国的马歇尔推动了欧洲的战后复兴。美国领导的资本主义阵营与苏联领导的社会主义阵营形成了对峙的局面，冷战的铁幕降临，割裂了欧洲，直到苏联解体，这场特殊的战争才画上了句号。饱经磨难的欧洲走出了冷战的漩涡，走向未来。

# 复兴欧洲经济——马歇尔计划

第二次世界大战结束后，欧洲许多国家的经济都受到了重创。在战争中，许多著名城市，例如伦敦、柏林和巴黎等都受到了重创。最要命的便是交通运输的瘫痪，许多铁路、桥梁和公路都被空袭所炸毁。交通不便在某种程度上限制了经济的发展。但想要修缮交通，就必须投入大量的人力物力，而刚打完仗的欧洲显然没这个能力。

到了 1947 年，欧洲的经济发展依旧没什么起色，就连英国和法国这样的国家，其经济水平依旧徘徊在战前水平，再加上恶劣天气所导致的农业歉收，欧洲许多国家都已经出现了饥荒，法国和意大利甚至因为食物短缺而发生了罢工。

与欧洲形成鲜明对比的是美国。美国本土远离战场，虽然曾受到经济危机的影响，但还不至于伤筋动骨。在第二次世界大战结束后，美国的经济和日常生活得以正常运转。

于是，美国国务卿乔治·马歇尔在 1947 年 6 月 5 日提出了扶持欧洲经济复兴的计划，也就是马歇尔计划。美国会向欧洲诸国提供贷款，用于经济发展。当然，马歇尔计划也给美国的产品打开了欧洲市场，欧洲的工业品和原料都是从美国购买，在一定程度上也促进了美国经济的发展。

在马歇尔的演讲中，他还向苏联伸出了橄榄枝，表示苏联也可以接受美国的援助。虽然此时冷战还没开始，但美国政府的许多官员都觉得苏联迟早会站在美国的对立面，所以他们并不同意在经济上援助苏联。当然，斯大林也不一定会接受美国的经济援助。

斯大林在听说马歇尔计划后，并未马上拒绝，而是考虑了很长时间，甚至还派外交部长莫洛托夫到巴黎去参加与英法两国的会议。出发前，莫洛托夫就表现出了对马歇尔计划十分感兴趣的样子，他本人也希望苏联能接受这个计划。

但在开会时，英法两国的代表却提出了许多令莫洛托夫无法接受的苛刻条件，例如丧失一部分经济主权和让苏联参与到市场经济中来等。因为英法两国早已摸准了美国的态度，美国政府并不想为苏联提供巨额贷款。

面对美国的刻意刁难，莫洛托夫离开了巴黎，这意味着苏联再也不能参与到马歇尔计划中了。苏联的态度也就代表了东欧社会主义国家的态度，东欧社会主义国家纷纷拒绝了马歇尔计划。最后，美国便只对西欧国家进行经济扶持。

## 丧失决定权的欧洲——冷战

第二次世界大战的欧洲战场，虽然只打了六年，但却让欧洲变成了一片废墟。此时的欧洲已无力决定自己的命运，只能把决定权交给美国和苏联。美苏两国的关系在战后渐渐变得紧张起来，由同盟国转变成了敌对国。

二战后的德国被一分为二，东西柏林分别为苏美所控制，并且有着不同的行政系统。1949 年，西德区宣布成立德意志联邦共和国，简称联邦德国。同年，东德地区宣布成立德意志民主共和国，简称民主德国。从此之后，德国就变成了两个不同的国家，分属于以美苏为首的不同阵营。

1960 年，美、英、法、苏四国领导人汇聚于巴黎召开会议，商议柏林的归属问题。但这次会议最终因苏联抓住美国的间谍而终止。不久，柏林危机爆发。苏联一方要求联邦德国从柏林撤军，后来为了防止民主德国人员的流失，就修建了一道墙，并派兵把守。美国与西欧国家也默许了柏林墙的存在。除了柏林危机外，还有一场危机最为凶险，即古巴导弹危机。

在冷战中，美苏两国的最高领导者都不想打仗，但也都不愿意服从对方，于是便只能搞些间谍之类的侦察活动和军备竞赛。在二战中，美国为了逼迫日本尽快投降，往日本的广岛、长崎投放了原子弹，让世界上所有国家都见识到了原子弹的威力。杜鲁门在和斯大林会面时，就暗示对方，他手中有原子弹。不过，苏联也很快拥有了原子弹，打破了美国的核垄断。

原子弹在研发之际就被许多科学家所反对，其实不止科学家，就连普通人也怀疑原子弹会让人类走向毁灭。但在美苏两个大国都有了原子弹后，反而出现了核平衡的局面。在 1962 年的古巴导弹危机中，这种核平衡局面差点儿被打破，当时世界都笼罩在核战一触即发的恐怖气氛中，而古巴导弹危机也被认为是整个冷战时期美苏关系最为紧张的时刻。

在艾森豪威尔当总统期间，古巴和美国有着不错的外交关系。

古巴总理曾到美国进行访问，受到了艾森豪威尔的热烈欢迎。但自从卡斯特罗上台后，美国突然发现古巴没以前听话了。卡斯特罗的偶像是玻利瓦尔、圣马丁这样的民族解放英雄，自然不可能忍气吞声地任由美国差遣。渐渐地，美国和古巴的关系开始恶化，在 1961 年美国单方面宣布中断与古巴的外交联系。

为了逼迫卡斯特罗低头，美国政府开始采用高压手段。明面上的压制手段是经济制裁，古巴是个依靠糖类出口的国家，自从被制裁后，古巴的糖类便只能留在国内消费，其经济支柱被美国打折了。暗地里，美国中情局收留了一批古巴的流亡分子，并对其进行训练，然后将其派往古巴进行颠覆活动。结果，这群乌合之众一上岸就被古巴群众给绑了，这起事件被称为“猪湾事件”。

为了报复美国，古巴只能找赫鲁晓夫帮忙。赫鲁晓夫表面上对古巴的遭遇很是同情，但心里却另有打算，他一直想在拉丁美洲为苏联找一个立足点。苏联虽然也有导弹，但技术却落后于美国，不能远程发射。而且在 1959 年，美国还在意大利和土耳其部署了核导弹，这就相当于在苏联门口安了定时炸弹。如果苏联能在古巴部署导弹，那么一旦美国向苏联发射导弹，苏联就可以立刻反攻。

苏联的部署工作很快被美国得知，美国侦察到了这个核导弹军事基地，最后清晰的照片都被送到了总统肯尼迪的手中，肯尼迪立刻召开会议商议对策。

最终肯尼迪政府决定，坚决不让步，如果赫鲁晓夫不把导弹从古巴撤走，那么美国一定会给予反击。不过，赫鲁晓夫和肯尼迪都深知核战争的严重后果，谁也不肯主动攻击对方。

最终，这场古巴导弹危机以和平的方式得以解决。苏联方面首先做出了让步，从古巴撤走了大量的导弹，只留给古巴一小部分用作国防；美国方面也做出了回应，放弃对古巴的经济封锁，而且保证绝对不会对古巴进行军事入侵。

**图书在版编目 (CIP) 数据**

让你爱不释手的极简欧洲史 / 陈国强著. —北京: 中国法制出版社, 2019.1

ISBN 978-7-5093-9898-2

Ⅰ. ①让… Ⅱ. ①陈… Ⅲ. ①欧洲—历史—通俗读物 Ⅳ. ① K500.9

中国版本图书馆 CIP 数据核字(2018)第 250417 号

责任编辑: 李　佳　刘冰清　　　　封面设计: 汪要军

---

**让你爱不释手的极简欧洲史**

RANG NI AIBUSHISHOU DE JIJIAN OUZHOUSHI

著者 / 陈国强

经销 / 新华书店

印刷 / 三河市紫恒印装有限公司

开本 / 880 毫米 ×1230 毫米　32 开　　　　印张 / 7　字数 / 150 千

版次 / 2019 年 1 月第 1 版　　　　2019 年 1 月第 1 次印刷

---

中国法制出版社出版

书号 ISBN 978-7-5093-9898-2　　　　定价: 36.00 元

北京西单横二条 2 号　邮政编码 100031　　　　传真: 010-66031119

**网址: http://www.zgfzs.com**　　　　**编辑部电话: 010-66034985**

**市场营销部电话: 010-66033393**　　　　**邮购部电话: 010-66033288**

(如有印装质量问题, 请与本社印务部联系调换。电话: 010-66032926)